PESQUISAS EM COGNIÇÃO E EDUCAÇÃO MUSICAL

ALGUMAS ABORDAGENS

Editora Appris Ltda.
1.ª Edição - Copyright© 2024 dos autores
Direitos de Edição Reservados à Editora Appris Ltda.

Nenhuma parte desta obra poderá ser utilizada indevidamente, sem estar de acordo com a Lei nº 9.610/98. Se incorreções forem encontradas, serão de exclusiva responsabilidade de seus organizadores. Foi realizado o Depósito Legal na Fundação Biblioteca Nacional, de acordo com as Leis nos 10.994, de 14/12/2004, e 12.192, de 14/01/2010.

Catalogação na Fonte
Elaborado por: Josefina A. S. Guedes
Bibliotecária CRB 9/870

P474p 2024	Pesquisas em cognição e educação musical: algumas abordagens / Rosane Cardoso de Araújo (org). – 1. ed. – Curitiba: Appris, 2024. 191 p. ; 23 cm. – (Educação tecnologias e transdisciplinaridade). Inclui referências. ISBN 978-65-250-5997-6 1. Música – Instrução e estudo. 2. Música. 3. Metacognição. I. Araújo, Rosane Cardoso. II. Título. III. Série. CDD – 780.7

Livro de acordo com a normalização técnica da ABNT

Appris
editora

Editora e Livraria Appris Ltda.
Av. Manoel Ribas, 2265 – Mercês
Curitiba/PR – CEP: 80810-002
Tel. (41) 3156 - 4731
www.editoraappris.com.br

Printed in Brazil
Impresso no Brasil

Rosane Cardoso de Araújo

(org.)

PESQUISAS EM COGNIÇÃO E EDUCAÇÃO MUSICAL

ALGUMAS ABORDAGENS

FICHA TÉCNICA

EDITORIAL	Augusto Coelho
	Sara C. de Andrade Coelho
COMITÊ EDITORIAL	Marli Caetano
	Andréa Barbosa Gouveia - UFPR
	Edmeire C. Pereira - UFPR
	Iraneide da Silva - UFC
	Jacques de Lima Ferreira - UP
SUPERVISOR DA PRODUÇÃO	Renata Cristina Lopes Miccelli
ASSESSORIA EDITORIAL	Sabrina Costa
REVISÃO	Stephanie Ferreira Lima
PRODUÇÃO EDITORIAL	Sabrina Costa
DIAGRAMAÇÃO	Jhonny Alves dos Reis
CAPA	Eneo Lage
REVISÃO DE PROVA	William Rodrigues

O presente trabalho foi realizado com apoio Conselho Nacional de Desenvolvimento Científico e Tecnológico/ CNPq - Brasil - Código de Financiamento 309423/2019-8.

COMITÊ CIENTÍFICO DA COLEÇÃO EDUCAÇÃO, TECNOLOGIAS E TRANSDISCIPLINARIDADE

DIREÇÃO CIENTÍFICA	Dr.ª Marilda A. Behrens (PUCPR)	Dr.ª Patrícia L. Torres (PUCPR)
CONSULTORES	Dr.ª Ademilde Silveira Sartori (Udesc)	Dr.ª Iara Cordeiro de Melo Franco (PUC Minas)
	Dr. Ángel H. Facundo (Univ. Externado de Colômbia)	Dr. João Augusto Mattar Neto (PUC-SP)
	Dr.ª Ariana Maria de Almeida Matos Cosme (Universidade do Porto/Portugal)	Dr. José Manuel Moran Costas (Universidade Anhembi Morumbi)
	Dr. Artieres Estevão Romeiro (Universidade Técnica Particular de Loja-Equador)	Dr.ª Lúcia Amante (Univ. Aberta-Portugal)
	Dr. Bento Duarte da Silva (Universidade do Minho/Portugal)	Dr.ª Lucia Maria Martins Giraffa (PUCRS)
	Dr. Claudio Rama (Univ. de la Empresa-Uruguai)	Dr. Marco Antonio da Silva (Uerj)
	Dr.ª Cristiane de Oliveira Busato Smith (Arizona State University /EUA)	Dr.ª Maria Altina da Silva Ramos (Universidade do Minho-Portugal)
	Dr.ª Dulce Márcia Cruz (Ufsc)	Dr.ª Maria Joana Mader Joaquim (HC-UFPR)
	Dr.ª Edméa Santos (Uerj)	Dr. Reginaldo Rodrigues da Costa (PUCPR)
	Dr.ª Eliane Schlemmer (Unisinos)	Dr. Ricardo Antunes de Sá (UFPR)
	Dr.ª Ercilia Maria Angeli Teixeira de Paula (UEM)	Dr.ª Romilda Teodora Ens (PUCPR)
	Dr.ª Evelise Maria Labatut Portilho (PUCPR)	Dr. Rui Trindade (Univ. do Porto-Portugal)
	Dr.ª Evelyn de Almeida Orlando (PUCPR)	Dr.ª Sonia Ana Charchut Leszczynski (UTFPR)
	Dr. Francisco Antonio Pereira Fialho (Ufsc)	Dr.ª Vani Moreira Kenski (USP)
	Dr.ª Fabiane Oliveira (PUCPR)	

SUMÁRIO

INTRODUÇÃO 7

APRENDIZAGEM AUTORREGULADA E METACOGNIÇÃO NAS
PRÁTICAS MUSICAIS.. 11
Rosane Cardoso de Araújo, Rafael Stefanichen Ferronato, Fabiane Nishimori Ferronato

SOBRE O FLUXO DO CAPITAL ARTÍSTICO ENTRE A ORQUESTRA
E O PÚBLICO EM CONCERTOS AO VIVO........................ 31
Jorge Augusto Scheffer, Guilherme Gabriel Ballande Romanelli

PROCESSOS METACOGNITIVOS NA PRÁTICA MUSICAL
EM GRUPO... 57
Flávio Denis Dias Veloso, Rosane Cardoso de Araújo

A EXPRESSÃO DE EMOÇÕES EM EXCERTOS EXECUTADOS
POR PIANISTAS *EXPERTS* DO JAZZ BRASILEIRO: UM ESTUDO
EXPERIMENTAL.. 75
Danilo Ramos, Thaís Souza Barzi de Caravalho

ENSINO DE FLAUTA DOCE CONSIDERANDO A PRÁTICA DE
GRADUANDOS EM MÚSICA SOB A PERSPECTIVA DAS TEORIAS
DO FLUXO E AUTORREGULAÇÃO.............................. 99
Tatiane Wiese Mathias, Rosane Cardoso de Araújo, Anderson Toni

PROCESSOS CRIATIVOS MUSICAIS DO ESTUDANTE COM
DEFICIÊNCIA INTELECTUAL NO CONTEXTO ESCOLAR............ 117
Teresa Cristina Trizzolini Piekarski, Valéria Lüders

LEITURA MUSICAL À PRIMEIRA VISTA EM CURSOS DE
GRADUAÇÃO EM MÚSICA DO SUL DO BRASIL: UM ESTUDO
SOBRE PROCESSOS DE ENSINO/APRENDIZAGEM 139
Alexandre Muratore Gonçalves, Rosane Cardoso de Araújo

CORRELAÇÕES ENTRE A PRÁTICA INSTRUMENTAL E
O DESEMPENHO DE ESTUDANTES EM DISCIPLINAS DE
ESTRUTURAÇÃO MUSICAL EM UM CURSO DE GRADUAÇÃO EM
MÚSICA 163
Danilo Ramos, Anderson de Azevedo Alves

SOBRE OS AUTORES.. 187

INTRODUÇÃO

Tenho a honra de apresentar a obra *Pesquisas em cognição e educação musical: algumas abordagens*, um livro que reúne textos colaborativos de pesquisadores brasileiros da área da cognição, psicologia da música e educação musical. O propósito desta obra é trazer em evidência estudos que foram realizados em conexão com minha Bolsa de Produtividade em Pesquisa, recebida por meio do Conselho Nacional de Desenvolvimento Científico e Tecnológico (CNPq) — período entre 2020-2024 —, e estudos conectados por meio da Linha de Pesquisa Cognição/Educação Musical, vinculada ao programa de Pós-Graduação em Música da Universidade Federal do Paraná. Os estudos sobre metacognição e autorregulação apresentados no presente livro (Capítulos 1, 3, 5 e 7), portanto, estão diretamente conectados ao projeto da Bolsa de Produtividade em Pesquisa intitulado "Autorregulação, metacognição e motivação nas práticas musicais: uma investigação com estudantes de música" (CNPq, Brasil – Código de Financiamento 309423/2019-8). Além disso, os mesmo estudos, bem como os estudos dos demais capítulos, foram desenvolvidos no âmbito de dois Grupos de Pesquisa distintos: Processos Formativos e Cognitivos em Educação Musical (Profcem) e Grupo de Pesquisa Música e Expertise (Grume). O Grupo de pesquisa Profcem foi por mim criado, em 2009, sendo vinculado ao CNPq e certificado pela UFPR no referido ano, tendo como professores colaboradores ao longo desses anos os professores(as) Valéria Lüders (UFPR), Ana Paula Peters (Unespar), Guilherme Romanelli (UFPR) e Rafael Ferronato (UFPR). Durante todo o tempo de existência do grupo, muitos pesquisadores, professores e estudantes participaram desenvolvendo pesquisas colaborativas em rede nacional e internacional e participaram elaborando trabalhos acadêmicos (trabalhos de conclusão de curso, iniciação científica, dissertações de mestrado, teses de doutorado e pesquisas de pós-doutorado). O grupo de pesquisa Grume, por sua vez, também foi um grupo criado de modo associado aos cursos de Música oferecidos pela Universidade Federal do Paraná, tanto em nível de graduação — cursos de licenciatura e bacharelado — como na pós-graduação — nos níveis mestrado e doutorado. O Grume hoje possui inúmeros trabalhos de pesquisa concluídos e em andamento, sob a liderança do professor Danilo Ramos, com relevantes impactos em nível nacional e internacional. Nesta obra, trazemos, portanto, 6 textos vinculados ao grupo de Pesquisa Profcem (Capítulos 1, 2, 3, 5, 6 e 7) e 2 textos ao grupo de Pesquisa Grume (4 e 8).

O primeiro capítulo, "Aprendizagem Autorregulada e Metacognição nas Práticas Musicais", elaborado por Rosane Cardoso de Araújo, Rafael Stefanichen Ferronato e Fabiane Nishimori Ferronato é um ensaio produzido a partir de trabalhos desenvolvidos colaborativamente pelos autores sobre a autorregulação e a metacognição no contexto da aprendizagem e prática musical instrumental. O segundo capítulo, "Sobre o fluxo do capital artístico entre a orquestra e o público em concertos ao vivo", dos autores Jorge Augusto Scheffer e Guilherme Gabriel Ballande Romanelli, evidencia, com base em pesquisa empírica, diversas formas de interação envolvidas entre a orquestra e o público, no processo de emissão e recepção do capital artístico em concertos ao vivo. O terceiro texto "Processos metacognitivos na prática musical em grupo", assinado por Flávio Denis Dias Veloso e Rosane Cardoso de Araújo, também tem como foco os estudos sobre metacognição no contexto da prática musical coletiva e traz em relevo dados coletados em campo, com músicos instrumentistas. Já o quarto texto, intitulado "A expressão de emoções em excertos executados por pianistas experts do jazz brasileiro: um estudo experimental", é um capítulo elaborado por Danilo Ramos e Thaís Souza Barzi de Carvalho, com foco nos estudos expressividade musical e desencadeamento de emoções. Os autores destacam o potencial de pianistas experts para expressar emoções a partir de obras do contexto do jazz brasileiro.

O quarto capítulo da presente obra, denominado "Ensino de flauta doce na graduação em música sob a perspectiva da Teoria do Fluxo e da Autorregulação", de Tatiane Wiese Mathias, Rosane Cardoso de Araújo e Anderson Toni, é um estudo de base empírica, que apresenta parte de uma pesquisa mais abrangente, cujo objetivo foi investigar a prática da flauta doce de alunos de graduação em Música e experts desse instrumento sob a perspectiva da teoria do fluxo e dos estudos de autorregulação, correlacionando as duas perspectivas teóricas. Os resultados trazidos especialmente para compor esse capítulo evidenciam relações entre as duas abordagens teóricas a partir de dados estatísticos. Na sequência, segue o capítulo intitulado "Processos criativos musicais do estudante com deficiência intelectual no contexto escolar", de Teresa Cristina Trizzolini Piekarski e Valéria Lüders. O texto tem como foco um estudo vinculado à educação musical na perspectiva inclusiva, com ênfase na Psicologia Histórico-cultural. O texto do penúltimo capítulo deste livro, "Leitura musical à primeira vista em cursos de graduação em Música do sul do Brasil: um estudo sobre processos de ensino/aprendizagem", foi elaborado por Alexandre Muratore Gonçalves e Rosane Cardoso de Araújo. É um capítulo que tem como escopo apresentar dados de uma pesquisa sobre leitura musical à primeira vista em cursos de graduação em Música, tendo como fundamentos teóricos os estudos sobre crenças de autoeficácia e processos de autorregulação da aprendizagem. Finalmente, este livro é concluído com o capítulo intitulado "Correlações entre a prática instrumental e o desempenho de estudantes em disciplinas de estruturação musical em um curso de graduação em Música", dos autores Danilo Ramos e Anderson de Azevedo Alves. Nesse capítulo, é apresentado um estudo cujo objetivo foi verificar a correlação entre o desempenho de estudantes de um curso superior de Música em disciplinas teóricas de estruturação musical e o número de horas dedicadas às práticas instrumentais. Os resultados foram discutidos a partir da Teoria Geral da Expertise.

Todos os capítulos da presente obra, portanto, compõem um panorama de ideias e perspectivas distintas para a pesquisa em música no Brasil, especificamente na interface com estudos da cognição, educação e psicologia. Nesse sentido, agradeço muito à preciosa colaboração de todos os professores/pesquisadores que prontamente aceitaram participar desta publicação. Espero que a leitura deste livro possa proporcionar o reconhecimento de diferentes trabalhos vinculados à Linha de Pesquisa Cognição/Educação Musical do Programa de Pós-Graduação em Música da UFPR (programa em atividade desde 2006) e aos Grupos de Pesquisa Profcem e Grume. Espero também que estas leituras possam suscitar *insights*, questionamentos e ideias para a concepção de novas investigações que colaborem para o crescimento da área da pesquisa em música em contexto brasileiro e internacional.

Rosane Cardoso de Araújo
Curitiba, 28/12/2023.

APRENDIZAGEM AUTORREGULADA E METACOGNIÇÃO NAS PRÁTICAS MUSICAIS

Rosane Cardoso de Araújo
Rafael Stefanichen Ferronato
Fabiane Nishimori Ferronato

O presente capítulo, elaborado em forma de ensaio, traz uma reflexão sobre dois processos relevantes para a aprendizagem musical: a autorregulação e a metacognição. Em nossa reflexão, buscamos destacar algumas características de cada construto, sem a pretensão de esgotar as possibilidades discursivas e, na sequência, buscamos oferecer algumas ideias que permitem vislumbrar como esses processos podem ser otimizados no contexto da aprendizagem e prática musical.

Muitos pesquisadores da área de Psicologia e da Educação defendem que desenvolver a autorregulação seria uma forma eficiente de minimizar parte das dificuldades enfrentadas pelos alunos durante sua aprendizagem (GANDA; BORUCHOVITCH, 2018). Da mesma forma, Simão e Frison (2013) defendem que a consciência metacognitiva proporciona a autonomia dos estudantes, auxiliando nos processos autorregulatórios. Neste ensaio, portanto, nosso foco tem como olhar a prática musical situada tanto na perspectiva do discente/músico, que prática individualmente seu repertório, quanto na perspectiva do docente, que ensina música e que pode auxiliar o estudante no desenvolvimento de seus processos metacognitivos e na autorregulação de sua aprendizagem.

Metacognição

Pensar sobre o pensar, saber aprender, gerenciar metas, coordenar e monitorar atividades mentais para a aprendizagem: essas são algumas ideias sobre a metacognição (VARGA, 2017; OZTURK, 2017; RIBEIRO, 2003; CHICK; KARIS; KERNAHAN, 2009; BUSTOS; BRAVO; LEÓN, 2014; NOUSHAD, 2008; JACOBS; PARIS, 1987; JOLY, 2007; JORDAN, 2014; KUHN, 2000; PARIS; WINOGRAD, 1990; SCHRAW; MOSHMAN, 1995; BENTON, 2014). Metacognição, portanto, pode ser entendida como um processo pelo qual estudantes planejam, monitoram e avaliam o seu pensamento para alcançar um objetivo de aprendizagem. Benton (2014) afirma que a metacognição é um tipo de pensamento transcendente e executivo que pode afetar positivamente os resultados da aprendizagem, quando utilizado pelos indivíduos para adquirir conhecimento, compreender determinado assunto ou, ainda, desenvolver certas habilidades para atingir objetivos educacionais. A autora ainda complementa que, quando utilizada pelos estudantes, a metacognição promove a consciência de seus próprios pensamentos, permitindo com que eles planejem e monitorem seu próprio aprendizado, avaliando o seu progresso e os produtos de seus respectivos trabalhos. Ainda segundo Benton (2014), essas ações resultam no desenvolvimento de graus progressivamente maiores de autoconsciência e autorregulação, afirmando que a prática da metacognição pode levar à autonomia do estudante e ao aprendizado ao longo da vida.

Um dos primeiros autores a utilizar o termo metacognição foi John Flavell. O autor destaca que a metacognição tem um papel importante na comunicação oral de informações, na compreensão oral, na compreensão da leitura, escrita, na aquisição da linguagem, atenção, memória, resolução de problemas, cognição social e diversos tipos de autocontrole e autoinstrução (FLAVELL, 1979). Flavell ainda aponta que há indicadores claros de que a metacognição está relacionada com áreas da aprendizagem social, desenvolvimento da personalidade e da educação. Segundo o autor, a metacognição "[...] refere-se ao próprio conhecimento sobre os próprios processos e produtos cognitivos ou qualquer coisa relacionada a eles" (FLAVELL, 1979, p. 232, tradução nossa). Ele segue explicando que a metacognição refere-se (entre outras coisas) ao monitoramento ativo e consequente regulação da cognição. Flavell (1979) apresenta um modelo que compõe o processo da metacognição: (1) conhecimento metacognitivo, (2) experiências metacognitivas, (3) objetivos (ou tarefas) e (4) ações (ou estratégias), conforme Figura 1.

Figura 1 – Metacognição

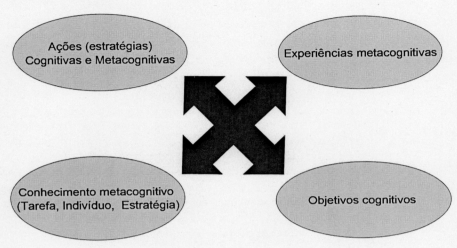

Fonte: elaborado pelos autores, com base em Flavell (1979)

No primeiro componente, o *conhecimento metacognitivo*, três categorias são consideradas: o indivíduo, a tarefa e a estratégia. A categoria indivíduo engloba tudo que se possa acreditar sobre a natureza do indivíduo e de outras pessoas como processadores cognitivos. Essa categoria ainda pode ser dividida em outras três variáveis: diferenças intraindividuais, diferenças interindividuais e cognições universais. A categoria da tarefa pode ser realizada a partir da informação disponível durante uma iniciativa cognitiva. Segundo Flavell (1979), essa informação pode ser abundante ou escassa, familiar ou desconhecida, redundante ou densamente agrupada, bem ou mal organizada e assim por diante. Já na categoria das estratégias (ou ações), são englobados conhecimentos e planejamentos cognitivos que podem ser escolhidos como mais eficientes para atingir determinados objetivos.

O segundo componente são as *experiências metacognitivas*, as quais, de acordo com Flavell (1979), estão mais propensas a ocorrerem em situações que estimulem a atenção, além de incluírem pensamentos altamente conscientes. São segmentos do conhecimento armazenado (no componente conhecimento metacognitivo) e entram na consciência por meio de experiências cognitivas ou afetivas conscientes. Flavell (1979) exemplifica sua argumentação citando uma situação de palco, na qual um ator ou músico, a cada grande novo desafio, necessita elaborar um planejamento antecipado e avaliar seu desempenho posteriormente. O autor afirma que situações como essa possibilitam muitas oportunidades de refletir sobre pensamentos e sentimentos e que, em muitos casos, o controle de qualidade das experiências metacognitivas pode fazer com que elementos do conhecimento cognitivo sejam adicionados, excluídos ou revisados (FLAVELL, 1979).

Explicando essa ideia, Ribeiro (2003) relata que:

> As experiências metacognitivas prendem-se com o foro afetivo e consistem em impressões ou percepções conscientes que podem ocorrer antes, durante ou após a realização de uma tarefa. Geralmente, relacionam-se com a percepção do grau de sucesso que se está a ter e ocorrem em situações que estimulam o pensar cuidadoso e altamente consciente, fornecendo oportunidades para pensamentos e sentimentos acerca do próprio pensamento (RIBEIRO, 2003, p. 111).

Aprofundando sobre as experiências metacognitivas, Ribeiro (2003) exemplifica:

> [...] podemos falar em experiência metacognitiva, sempre que é experienciada uma dificuldade, uma falta de compreensão, um sentimento de que algo está a correr mal (Ex.: se alguém tem subitamente o sentimento de ansiedade, porque não está a compreender algo, mas que necessita e quer compreender, este sentimento poderia ser denominado de experiência metacognitiva). Estas experiências são importantes, pois é, sobretudo, através delas que o aprendiz pode avaliar as suas dificuldades e, consequentemente, desenvolver meios de as superar (RIBEIRO, 2003, p. 111).

O terceiro componente refere-se às *tarefas* ou aos *objetivos*, os quais estão relacionados com o real propósito de um esforço cognitivo. Esses objetivos são impulsionados extrinsecamente — pelo professor, por um colega ou até mesmo pela própria família do indivíduo — ou intrinsecamente, situação na qual o próprio estudante sente a necessidade de realizar uma determinada tarefa ou cumprir um objetivo por ele almejado (FLA-VELL, 1979).

Finalmente, o quarto componente diz respeito às *estratégias* ou *ações*, que são algumas maneiras ou técnicas que podem ajudar a alcançar os objetivos de aprendizagem. De acordo com Ribeiro (2003), elas podem incluir ações que podem ser entendidas como estratégias cognitivas, produzindo experiências metacognitivas e resultados cognitivos: "[...] se forem utilizadas para produzir progresso cognitivo, ou seja, quando a finalidade consiste em atingir o objetivo cognitivo, podem ser entendidas como estratégias cognitivas, produzindo igualmente experiências metacognitivas e resultados cognitivos" (RIBEIRO, 2003, p. 112). A maneira como esses procedimentos podem ser aplicados a serviço da compreensão dependem do conhecimento metacognitivo, das experiências metacognitivas e do modo como o critério da tarefa é entendido ou definido, interligando todas as áreas representadas na Figura 1 (na qual as flechas relacionam todos os componentes da metacognição).

A partir das definições elaboradas e apresentadas por Flavell (1979), outros autores têm trabalhado para complementar e trazer uma visão holística do processo metacognitivo, além de incorporar outras áreas, diversas daquelas estudas inicialmente por Flavell. Lai (2011) em seu trabalho de revisão de literatura sobre o tema esclarece que toda a sistematização do processo metacognitivo elaborada por Flavell pode ser classificada em dois componentes principais: conhecimento cognitivo e regulação da cognição. Conhecimento cognitivo inclui a percepção sobre o indivíduo como um aprendiz, e os fatores que podem influenciar o desempenho, a compreensão sobre estratégias e a clareza sobre como e o porquê de utilizar essas estratégias. Já a regulação cognitiva é o monitoramento da cognição de um indivíduo, que inclui desde o planejamento de atividades, a consciência da compreensão e realização de uma tarefa, até a avaliação da eficiência do processo de monitoramento e estratégias (LAI, 2011).

Lai (2011) elaborou um quadro comparativo sobre os estudos de metacognição desenvolvidos por diversos autores, a partir da definição elaborada por Flavell na década de 1970. O destaque para esse quadro, adaptado no presente artigo (ver Quadro 1), é o quanto a teoria já foi expandida desde sua primeira formulação (realizada por Flavell em 1979) e o quanto existem conexões a serem feitas com outras áreas (SEMERARI et al., 2014).

Quadro 1 – Estudos sobre metacognição

AUTORES	Componente metacognitivo	Tipo	Terminologia
Flavell (1979)	**Conhecimento cognitivo**	Conhecimento individual e fatores que afetam a cognição	Conhecimento pessoal e da tarefa
Paris e Winograd (1990)			Autoavaliação
Kuhn e Dean (2004)			Entendimento epistemológico
Cross e Paris (1988) Schraw *et al.* (2006) Schraw e Moshman (1995)			Conhecimento declarado
Cross e Paris (1988) Kuhn e Dean (2004) Schraw *et al.* (2006)		Consciência e gestão da cognição, incluindo conhecimento sobre estratégias	Conhecimento processual
Flavell (1979)			Conhecimento estratégico
Schraw *et al.* (2006)		Conhecimento sobre o porquê e quando usar determinada estratégia	Conhecimento condicional
Cross e Paris (1988) Paris e Winograd (1990) Schraw *et al.* (2006) Schraw e Moshman (1995) Whitebread *et al.* (2009)	**Regulação cognitiva**	Identificação e seleção de estratégias apropriada para a alocação de recursos	Planejamento

AUTORES	Componente metacognitivo	Tipo	Terminologia
Cross e Paris (1988) Paris e Winograd (1990) Schraw *et al.* (2006) Schraw e Moshman (1995) Whitebread *et al.* (2009)		Participar e estar consciente da compreensão do desempenho de tarefas	Monitoração e regulação
Flavell (1979)			Experiências cognitivas
Cross e Paris (1988) Paris e Winograd (1990) Schraw *et al.* (2006) Schraw e Moshman (1995) Whitebread *et al.* (2009)		Consciência e gestão da cognição, incluindo conhecimento sobre estratégias	Avaliação

Fonte: os autores, com base em Lai (2011, p. 7)

Outro trabalho significativo para a área metacognitiva foi elaborado por Pintrich Wolter e Baxter (2000). Os autores segmentam a metacognição em duas partes distintas, porém complementares (PINTRICH; WOLTERS; BAXTER, 2000), isto é, o conhecimento da cognição e os processos que envolvem o monitoramento, controle e regulação da cognição. Pintrich Wolter e Baxter (2000) trazem uma distinção entre conhecimento metacognitivo e controle metacognitivo (ou processos de autorregulação). Eles destacam em seu modelo: (1) o conhecimento de estratégias gerais para aprender a pensar e o conhecimento das tarefas cognitivas; (2) o como, quando e por que usar diferentes estratégias (conhecimento sobre tarefas cognitivas), incluindo o contexto apropriado e o conhecimento condicional; (3) o conhecimento sobre si mesmo (variável indivíduo), que tem relação com os componentes cognitivos e motivacionais de cada indivíduo, recebendo o nome de autoconhecimento. Pintrich *et al.* (2000) trazem um modelo semelhante ao modelo de Flavell, porém dão destaque

que ao conhecimento estratégico, agrupados em três categorias: ensaio, elaboração e organização.

De acordo com Benton (2014), quando um indivíduo utiliza a metacognição, o seu objeto do pensamento é o ato pessoal de conhecer ou o processo intelectual de obter conhecimento. A autora ainda completa afirmando que a metacognição é uma ideia circular de "pensar sobre o pensamento", entendida como um construto abrangente que engloba vários hábitos e ações usados pelos indivíduos. De acordo com a autora, diversos pesquisadores delinearam habilidades metacognitivas em três categorias que abrangem o planejamento de uma tarefa, o monitoramento dos processos cognitivos durante uma tarefa e por último a avaliação dos produtos de uma tarefa concluída. Essa é uma das definições mais contemporâneas e utilizadas por outros autores, principalmente no meio musical.

Algumas considerações sobre a autorregulação

Polydoro e Azzi (2008) destacam o papel relevante da autorregulação no exercício da agência humana, ou seja, a capacidade de o homem intervir intencionalmente no ambiente. Conforme Bandura (2001, 2008), as pessoas não apenas reagem ao ambiente externo, mas são capazes de refletir sobre ele, antecipar cenários e consequências de suas ações, de tal maneira a escolherem ações que julgarem mais convenientes ou necessárias. Ao considerar que os indivíduos exercem controle sobre seu próprio comportamento, remetemo-nos à ideia postulada pela Teoria Social Cognitiva de que o comportamento humano é determinado a partir da interação contínua e recíproca entre os fatores ambientais, pessoais e comportamentais (modelo triádico). Segundo Azzi e Polydoro (2006), a autorregulação é vista como um mecanismo que governa o comportamento, os sentimentos pessoais e os pensamentos, sendo interno consciente e voluntário que têm como referências padrões pessoais de condutas e metas. Ser um indivíduo autorregulado não é uma qualidade com a qual se nasce, mas, sim, uma habilidade que se adquire ao longo da vida a partir de experiências vividas, ensinamentos de outras pessoas e da interferência do ambiente no qual se está inserido (GANDA; BORUCHOVITCH, 2018).

Existem vários pesquisadores que estudaram sobre a autorregulação, por exemplo, Bandura (1991), Zimmerman (2002), Rosário *et al.* (2004), Schunk e Zimmerman (1994), entre outros. Dentre esses, destacamos as contribuições de Albert Bandura dentro da Teoria Social Cognitiva. Bandura (1994, 2008) propôs subfunções do sistema de autorregulação, assim organizadas: a *auto-observação*, que inclui as dimensões de desempenho e a qualidade do monitoramento; o processo de *julgamento*, que inclui os padrões pessoais, referências de desempenho, valor da atividade e determinantes do desempenho; e a *autorreação*, que engloba autorreações avaliativas tangíveis (como punições e recompensas) ou autorreções inexistentes.

Na perspectiva de Bandura (1994, 2008), é importante que os alunos estejam preparados com ferramentas intelectuais, capacidades regulatórias e autocrenças para que possam se autoeducar (AZZI; POLYDORO, 2006; COSTA; BORUCHOVITCH, 2006). Para Schunk e Usher (2018), a autorregulação se refere aos meios por meio do qual os alunos ativam e sustentam sistematicamente suas cognições, motivações, comportamentos e afetos para atingir seus objetivos. A autorregulação, portanto, permite aos indivíduos controlarem os antecedentes e as consequências de seus comportamentos (ZIMMERMAN; SCHUNK, 2011).

> A aprendizagem autorregulada é o processo pelo qual indivíduos ativam, orientam, monitoram e se responsabilizam pela sua própria aprendizagem. Requer a integração dos fatores cognitivos, metacognitivos, afetivos, motivacionais e comportamentais envolvidos no aprender (BORUCHOVITCH; GOMES, 2019, p. 9).

A partir do modelo de autorregulação proposto por Bandura, Zimmerman (1998) formulou um sistema sobre a autorregulação acadêmica (GANDA; BORUCHOVITCH 2018). O sistema envolveu três fases e cada fase incluiu processos e subprocessos (ZIMMERMAN, 1998):

1. *Fase da antecipação* (antes de qualquer ação) que envolve a previsão do resultado esperado, o planejamento de estratégias, as metas de realização e o interesse intrínseco (o modelo de Zimmerman identifica algumas variáveis motivacionais, porém as crenças de autoeficácia são descritas como elemento-chave desse processo).

2. *Fase de controle de desempenho e da motivação* que ocorre durante o processo de aprendizagem e envolve a concentração, a autoinstrução e o automonitoramento. De acordo com Boruchovitch (2014), essa fase envolve o emprego de uma variedade de estratégias de aprendizagem. As estratégias escolhidas na fase anterior são utilizadas com o intuito de alcançar objetivos positivos.

3. *Fase da autorreflexão* que ocorre após o processo de aprendizagem e envolve autojulgamento e autorreações. Essa fase ocorre após planejamento e o engajamento nas ações para o alcance das metas estabelecidas.

Segundo o modelo teórico de Zimmerman (2002), existem três formas de autorregulação: a pessoal (interna), comportamental e ambiental. A autorregulação pessoal ocorre por meio da auto-observação, do monitoramento e do controle e utilização de estratégias. A autorregulação comportamental depende da auto-observação do próprio desempenho (comportamento) e do ajustamento estratégico das ações escolhidas para se obter êxito. A autorregulação ambiental ocorre por meio do monitoramento dos fatores ambientais e seus efeitos nos resultados, envolvendo a regulação das condições adversas para adequá-las de modo mais favorável ao sucesso. É importante que, embora essas três formas de autorregulação sejam distintas, elas atuem de forma integrada para uma adaptação estratégica e eficaz na realização de uma atividade (BORUCHOVITCH; GOMES, 2019).

Estimular o desenvolvimento da autorregulação, portanto, seria ensinar os alunos a se automonitorarem e se auto-orientarem no processo de aprendizagem. Assim como indica Ganda e Boruchovith (2018), a autorregulação acadêmica pode ser desenvolvida em qualquer etapa do ensino, trazendo em evidência o papel do aluno como agente da própria aprendizagem. Segundo Polydoro e Azzi (2008), um estudante autorregulado em sua aprendizagem possui autoconhecimento sobre o próprio modo de aprender, suas possibilidades e limitações.

Rosário *et al.* (2006) defendem a ideia de que todos os alunos possuem habilidades autorregulatórias, ou seja, são capazes de desenvolver comportamentos de acordo com seus objetivos. Porém, de acordo com os autores, os alunos nem sempre o fazem de maneira intencional. O papel dos educadores também é uma questão importante a ser considerada. Segundo os autores, não basta apenas estimular comportamentos autorregulatórios, mas é importante demonstrar o sentido de tais comportamentos. Bandura (2017) destaca:

> As habilidades autorregulatórias sozinhas não são o suficiente, pois elas contribuirão pouco se os alunos não se colocarem persistentemente para aplicar estas habilidades em face de dificuldades, estressores e atrações concorrentes. A crença firme na própria eficácia de autogerenciamento fornece a força para permanecer (BANDURA, 2017, p. 89).

A autorregulação, portanto, é um processo dinâmico, integrado e cíclico, que se retroalimenta pelo *feedback* das experiências de aprendizado do próprio aluno. É uma forma de organizar e planejar estratégias de aprendizagem, tanto antes quanto durante e após a realização das tarefas (FRISON, 2016).

Metacognição e autorregulação da aprendizagem no contexto musical

O estudo musical eficaz, segundo Hallam (2001) é aquele que alcança o produto desejado, no menor tempo possível, sem interferir negativamente nas metas de longo prazo. A autora sugere que o estudo de música pode assumir várias formas dependendo da natureza da tarefa a ser realizada. Nesse sentido, é necessário considerar o contexto, dentro do qual a tarefa deve ser aprendida, o nível de conhecimento já adquirido e as diferenças individuais. Hallam (2001) ainda sugere que o músico deve desenvolver habilidades metacognitivas para ser capaz de reconhecer a natureza e os requisitos de uma tarefa específica para, dessa forma, identificar dificuldades particulares. De acordo com Concina (2019), duas questões principais orientaram estudos sobre a metacognição na performance musical: (1) quais são os principais componentes da metacognição musical e (2) como esses componentes podem ser desenvolvidos durante a progressão nos estudos do músico.

De acordo com Benton (2013), educadores musicais podem promover a metacognição, implementando estratégias para incentivar os estudantes de Música a desenvolverem processos de (1) reflexão, (2) autoavaliação e (3) sessões de pensamento em voz alta. Quanto à reflexão sobre o aprendizado, ela pode se dar de diversas maneiras no campo musical. De acordo com Benton (2013), o estudante pode manter um diário do seu estudo, seja ele cotidiano ou pontual (esporádico), bem como gravar a sua performance e escrever sobre suas impressões dela, utilizando-se desse mesmo diário. Ainda de acordo com a autora, a escrita reflexiva geralmente é bem-sucedida, se o professor fornecer instruções a respeito do que escrever, dando uma estrutura prévia que possibilite ao estudante analisar suas próprias ações, para desenvolver sua autoconsciência e a avaliação pessoal dos pontos fortes e fracos de seu estudo e performance. Benton (2013) sugere ainda que o professor de música pode promover a reflexão em atividades coletivas ou de forma individual com seu estudante, fazendo perguntas que exijam que ele descreva seus processos de pensamento e estratégias para alcançar seus objetivos musicais.

Benton (2013) afirma que no processo de autoavaliação, quando os estudantes avaliam suas próprias performances e progresso musical, eles começam a regular o seu próprio aprendizado, processo central da metacognição. O desenvolvimento desse pensamento metacognitivo — utilizando-se de estratégias de automonitoramento, autorregulação, estabelecimento de metas e escolha das melhores estratégias para alcançá-las — permite que os estudantes comecem a traçar seu caminho de autonomia, sentindo-se incentivados pelo professor a se autoavaliarem, à medida que progridem em seu estudo musical (BENTON, 2013).

Já com relação a sessões de pensamento em voz alta, a metacognição é praticada por meio da "voz interna" do estudante, envolvendo-se em um tipo de conversa interna enquanto executa uma tarefa de aprendizado (BENTON, 2013). Para a autora, a voz interna se torna uma maneira pela qual o estudante se envolve no automonitoramento e autorregulação dos processos de aprendizagem. Segundo Benton (2013), pensar em voz alta tem um impacto positivo na aprendizagem dos estudantes para que eles identifiquem conceitos, elaborem hipóteses e deem justificativas para aquilo que estão fazendo.

Com relação à modelagem do processo metacognitivo, o professor pode contribuir de modo relevante, tanto em aulas individuais de música quando em aulas coletivas, ensaios de grupos, como coro e orquestra. De acordo com Benton (2013), os professores podem modelar a metacognição verbalizando seus próprios pensamentos, enfatizando que existem diferentes estratégias para concluir as tarefas de aprendizagem, demonstrando que podem funcionar para diferentes estudantes e em situações distintas:

> Ao modelar as habilidades metacognitivas para a solução de problemas, os professores podem explicar seus processos sequencialmente, os quais podem incluir (1) estabelecimento de metas; (2) seleção e aplicação de procedimentos; (3) especificação de regas a serem seguidas; (4) e descrição de possíveis obstáculos que podem ocorrer. Ao modelar processos metacognitivos, os professores podem explicar suas decisões enquanto lidam com um problema e podem compartilhar suas autoavaliações reflexivas ao final de uma demonstração. Os professores podem informar para os alunos que, embora o professor possa não ter uma resposta

imediata para todas as perguntas, ele pode criar estratégias para encontrar respostas corretas. Da mesma forma, os professores podem demonstrar aos alunos que, embora o professor algumas vezes cometa erros, ele sabe como voltar ao caminho correto. Ao fazer isso, o professor não precisa ter medo de demonstrar seus próprios pontos fortes e fracos para o aluno. É importante que os alunos vejam como os especialistas são capazes de desenvolver seus pontos fortes e aplicar estratégias para superar os pontos fracos (BENTON, 2014, s/p).

Ainda com base nas discussões trazidas pela autora, é possível afirmar que a ideia de modelar habilidades metacognitivas pode ser mais crucial para os professores de música do que para professores de qualquer outra área, pois a natureza da atividade musical inclui a preparação para a performance pública, ou seja, é uma atividade que combina as responsabilidades e ações do professor com as responsabilidades e ações dos estudantes. Embora a demonstração e o sistema de modelagem do professor sejam inestimável, é por meio da prática autônoma que o estudante de música irá adquirir habilidades de autorregulação, criando um ambiente favorável para desenvolver suas próprias escolhas e controlar o seu próprio aprendizado (BENTON, 2014).

A autorregulação da aprendizagem musical se refere aos mecanismos usados pelos músicos para controlar seu comportamento durante as sessões de prática e estudo. Segundo Santiago (2006), o desenvolvimento das habilidades autorregulatórias pelo músico é um fator essencial para o estudo instrumental, pois a aquisição dessas habilidades são relevantes "para o desenvolvimento musical dos instrumentistas, favorecendo o alcance de melhores níveis de performance instrumental" (SANTIAGO, 2006, p. 56).

Pode-se dizer que um estudante é autorregulado quando ele age metacognitivamente para aprender, ou seja, planeja o seu estudo; utiliza estratégias cognitivas e metacognitivas de aprendizagem; monitora se está ou não aprendendo; regula os seus estados motivacionais e emocionais; avalia seu desempenho. Schunk e Usher (2018) também defendem que as pessoas que se consideram capazes de organizar sua aprendizagem estabelecem metas desafiadoras para si mesmas, monitoram seu progresso e tomam medidas corretivas apropriadas para garantir o seu próprio sucesso.

Hallam (2001) sugere que o músico deve ter conhecimento de uma série de estratégias para lidar com seus desafios musicais, sabendo optar pela estratégia apropriada para lidar com cada tarefa, monitorar o progresso em direção a meta e, se houver progresso insatisfatório, reconhecer isso e utilizar estratégias alternativas; avaliar os resultados da aprendizagem no contexto da performance e tomar medidas necessárias para melhorar o desempenho no futuro. Assim, a solução de problemas musicais técnicos e interpretativos, bem como o gerenciamento do tempo de estudo estão associados à utilização de estratégias autorregulatórias (ZIMMERMAN, 2011).

A autorregulação, segundo Zimmerman (2011), incorpora uma relação entre quatro dimensões básicas da aprendizagem: a cognitiva/metacognitiva, a motivacional, a emocional/afetiva e a social. Na dimensão cognitiva/metacognitiva, estão envolvidas as estratégias de aprendizagem, ou seja, os procedimentos utilizados pelo aluno para aprender um conteúdo ou para realizar uma tarefa. Entre as estratégias cognitivas, estão as que são usadas para armazenamento de informação, por exemplo, assinalar a partitura, estudar partes da música de forma segmentada e depois juntar pequenas partes, estudar alterando andamentos e ritmos, entre outras estratégias. Já as metacognitivas são voltadas ao planejamento, ao monitoramento e à regulação do ato de aprender, por exemplo, realizar o planejamento de um cronograma das atividades de estudo semanais, avaliar a performance buscando solucionar os problemas observados, pedir auxílio aos pares e/ou professor, entre outras ações.

O objetivo do professor de música deve ser de incentivar os estudantes a pensar em seu progresso musical, para que eles consigam estabelecer metas para serem realizadas no futuro e determinar suas próprias estratégias para alcançar esses objetivos. Hallam (2001) destaca que os estudantes iniciantes precisam adquirir a base do conhecimento musical antes ou simultaneamente com o conhecimento sobre estratégias específicas de aprendizado e suporte. A autora ainda argumenta que, nos estágios iniciais de aprender a tocar um instrumento, o desenvolvimento de representações auditivas internas do repertório a ser estudado são relevantes e devem acontecer simultaneamente com outro processo: o de aquisição de habilidades técnicas. Por ser um processo que depende da automação dos movimentos, por meio da psicomotricidade, a repetição pode ser o meio mais eficaz de desenvolver essa habilidade. De acordo com Hallam (2001), é possível auxiliar o aluno em sua aprendizagem trazendo para a aula de música discussões que podem incluir:

- a avaliação das dificuldades de uma tarefa;
- a seleção de estratégias práticas apropriadas;
- o estabelecimento de metas e o monitoramento do progresso;
- a avaliação da performance;
- as formas diversas para desenvolver a interpretação musical;
- as estratégias para memorização;
- como aumentar a motivação;
- como gerenciamento de tempo de estudo;
- como melhorar a concentração.

As relações entre a metacognição e a autorregulação têm sido examinadas por vários pesquisadores, como Concina (2019) e Zimmerman (1995), demonstrando a relevância desses processos para a área da educação. Nesse sentido, é possível afirmar que, a partir desses dois construtos, o processo educacional torna-se mais dinâmico e eficiente, proporcionando o desenvolvimento de estudantes mais ativos e autônomos, capazes de organizar seus estudos e aprendizado (CONCINA, 2019). A metacognição no contexto da aprendizagem autorregulada, portanto, estimula a capacidade do músico/estudante a exercer controle sobre seus pensamentos e ações, agindo de forma consciente para progredir na sua prática musical.

Referências

AZZI, R. G.; POLYDORO, S. A. J. Auto-eficácia proposta por Albert Bandura-Algumas discussões. *In:* AZZI, R. G.; POLYDORO, S. A. J. (org.). *Auto-Eficácia em Diferentes Contextos.* Campinas: Alínea, 2006. p. 9-24.

BANDURA, A. Social cognitive theory of self-regulation. Organizational Behavior and Human Decision Processes, [*s. l.*], v. 50, n. 2, p. 248-287, 1991. DOI: https://doi.org/10.1016/0749-5978(91)90022-L

BANDURA, A. Self-efficacy. *In:* RAMACHAUDRAN, V. S. (ed.). *Encyclopedia of human behavior.* New York: Academic Press, 1994. v. 4, p. 71-81.

BANDURA, A. Social Cognitive Theory: An Agentic Perspective. *Annual Review of Psychology*, [*s. l.*], v. 52, p. 14, 2001. Disponível em: https://doi.org/10.1146/annurev.psych.52.1.1. Acesso em: 25 set. 2019.

BANDURA, A. A crescente primazia da agência humana na adaptação e mudança na era eletrônica. *In:* BANDURA, A.; AZZI, R. G. (org.). *Teoria social cognitiva*: diversos enfoques. Campinas: Mercado de Letras, 2017. p. 83-128.

BANDURA, A. A evolução da teoria social cognitiva. *In:* BANDURA, A.; AZZI, R. G.; POLYDORO, S. *Teoria social Cognitiva*: conceitos básicos. Porto Alegre: Artmed, 2008. p. 15-42.

BENTON, C. W. Promoting Metacognition in Music Classes. *Music Educators Journal*, [*s. l.*], v. 100, n. 2, p. 52-59, 2013.

BENTON, C. W. *Thinking about Thinking*: Metacognition for Music Learning. Lanham: Rowman & Littlefield Education, 2014.

BORUCHOVITCH, E. Autorregulação da aprendizagem: contribuições da psicologia educacional para a formação de professores. *Psicologia Escolar e Educacional*, [*s. l.*], v. 18, n. 3, p. 401-409, 2014.

BORUCHOVITCH, E.; GOMES, M. A. M. *Aprendizagem autorregulada*: como promovê-la no contexto educativo? Petrópolis: Vozes, 2019.

BUSTOS, A. P.; BRAVO, G. J.; LEÓN, M. G. Validación del Instrumento 'Inventario de Habilidades Metacognitivas (MAI)' con Estudiantes Colombianos. *Praxis & Saber*, [*s. l.*], v. 5, n. 10, p. 55-74, 2014.

CHICK, N.; KARIS, T.; KERNAHAN, C. Learning from Their Own Learning: How Metacognitive and Meta-affective Reflections Enhance Learning in Race-Related Courses. *International Journal for the Scholarship of Teaching and Learning*, [*s. l.*], v. 3, n. 1, p. 1-30, 2009.

CONCINA, E. The Role of Metacognitive Skills in Music Learning and Performing: Theoretical Features and Educational Implications. *Frontiers in Psychology*, [*s. l.*], v. 10, p. 1-11, 2019. DOI: https://doi.org/10.3389/fpsyg.2019.01583.

COSTA, E. R.; BORUCHOVITCH, E. A Auto-eficácia e a Motivação para Aprender: considerações para o desempenho escolar dos alunos. *In:* AZZI, R.; POLYDORO, S. (org.). *Autoeficácia em diferentes contextos*. São Paulo: Alínea, 2006. p. 87-110.

FLAVELL, J. H. Metacognitive Aspects of Problem Solving. *In:* RESNICK, L. B. (ed.). *The nature of intelligence.* Hillsdale: Lawrence Erlbaum, 1976. p. 231-236.

FLAVELL, J. H. Metacognition and cognitive monitoring: A new era of cognitive-developmental inquiry. *American Psychologists*, [s. l.], v. 34, n. 10, p. 906-911, 1979.

FRISON, L. M. B. Autorregulação da aprendizagem: abordagens e desafios para as práticas de ensino em contextos educativos. *Revista de Educação PUC*, Campinas, v. 21, n. 1, p. 1-17, 2016.

GANDA, D. R.; BORUCHOVITCH, E. A autorregulação da aprendizagem: principais conceitos e modelos teóricos. *Psicol. educ.*, [s. l.], n. 46, p. 71-80, 2018.

HALLAM, S. The Development of Metacognition in Musicians: Implication for Education. *British Journal of Music Education*, [s. l.], v. 18, n. 1, p. 27-39, 2001.

JACOBS, J. E.; PARIS, S. G. Children's Metacognition About Reading: Issue in Definition, Measurement, and Instruction. *Educational Psychologist*, [s. l.], v. 22, n. 3-4, p. 255-278, 1987.

JOLY, M. C. Escala de Estratégias Metacognitivas de Leitura para Universitários Brasileiros: Estudo de Validade Divergente. *Univ. Psychol.*, Bogotá (Colombia), v. 6, n. 3, p. 507-521, 2007.

JORDAN, J. *Improving Metacognition in the Classroom.* United States Military Academy. West Point: Center for Faculty Excellence, 2014.

KUHN, D. Metacognitive development. *Current directions in Psychological Science*, [s. l.], v. 9, n. 5, p. 178-181, 2000.

LAI, E. R. Metacognition: a literature review. *Pearson's Research Reports*, [s. l.], 2011.

NOUSHAD, P. P. *Cognitions about cognitions:* the theory of metacognition. ERIC, ED502151, 2008.

OZTURK, N. Assessing Metacognition: Theory and Practices. *International Journal of Assessment Tools in Education*, [s. l.], v. 4, n. 2, p. 134-148, 2017. DOI: 10.21449/ijate.298299.

PARIS, S. G.; WINOGRAD, P. Promoting Metacognition and Motivation of Exceptional Children. *Remedial and Specil Education*, [s. l.], v. 11, n. 6, p. 7-15, 1990. DOI: https://doi.org/10.1177/074193259001100604.

PINTRICH, P. R.; WOLTERS, C. A.; BAXTER, G. P. Assessing Metacognition and Self-Regulated Learning. *In:* SCHRAW, G.; IMPARA, J. C. (ed.). *Issues in the Measurement of Metacognition*, 2000. p. 43-97.

POLYDORO, S.; AZZI, R. G. Auto-regulação: aspectos introdutórios. *In:* BANDURA, A.; AZZI, R. G.; POLYDORO, S. *Teoria social Cognitiva:* conceitos básicos. Porto Alegre: Artmed, 2008. p. 149-176.

RIBEIRO, C. Metacognição: um apoio ao proceso de aprendizagem. *Psicologia, Reflexão e Crítica*, [s. l.], v. 16, n. 1, p. 109-116, 2003.

ROSÁRIO, P. *et al.* Trabalhar e estudar sob a lente dos processos e estratégias de auto-regulação da aprendizagem. *Psicologia, Educação e Cultura*, [s. l.], v. 10, n. 1, p. 77-88, 2006.

SANTIAGO, P. A integração da prática deliberada e da prática informal no aprendizado da música instrumental. *Per musi,* Belo Horizonte, n. 13, p. 52-62, 2006.

SEMERARI, A. *et al.* Metacognitive dysfunctions in personality disorders: correlations with disorder severity and personality styles. *Journal of Personality Disorders,* [s. l.], v. 28, p. 751-766, 2014.

SCHRAW, G.; MOSHMAN, D. Metacognitive Theories. *Education Psychology Review*, [s. l.], v. 7, n. 4, p. 351-371, 1995.

SCHUNK, D. H.; ZIMMERMAN, B. J. Self-Regulation in Education: Retrospect and Prospect. *In:* SCHUNK, D. H.; ZIMMERMAN, B. J. (ed.). *Self-Regulation of Learning and Performance*. Issues and Educational Applications. Hillsdale, NJ: Erlbaum, 1994. p. 305-314.

POLYDORO, S.; AZZI, R. G. Auto-regulação: aspectos introdutórios. *In:* BANDURA, A.; AZZI, R. G.; POLYDORO, S. *Teoria social Cognitiva:* conceitos básicos. Porto Alegre: Artmed, 2008. p. 149-176.

SIMÃO, A. M. da V.; FRISON, L. M. B. Autorregulação da aprendizagem: abordagens teóricas e desafios para as práticas em contextos educativos. *Cadernos De Educação*, [s. l.], n. 45, p. 2-20, 2013. DOI: https://doi.org/10.15210/caduc.v0i45.3814.

VARGA, A. Metacognitive perspectives on the development o freading comprehension: a classroom study of literary text-talks. *Literacy*, [s. l.], v. 51, n. 1, p. 19-25, 2017.

SHUNK, D. H.; USHER, E. L. Social Cognitive Theoretical Perspective of Self-Regulation. *In:* SCHUNK, D. H.; GREENE, J. A. *Handbook of Self-Regulation of Learning and Performance.* Nova York, NY: Routledge, 2011. p. 19-35.

ZIMMERMAN, B. J. Self-regulation involves more than metacognition: A social cognitive perspective. Educational Psychologist, [s. l.], v. 30, n. 4, p. 217-221, 1995. DOI: https://doi.org/10.1207/s15326985ep3004_8.

ZIMMERMAN, B. J. Developing self-fulfilling cycles of academic regulation: An analysis of exemplary instructional models. *In:* SCHUNK, D. H.; ZIMMERMAN, B. J. (ed.). Self-regulated learning: from teaching to self-reflective practice. New York: Guilford Publications, 1998. p. 1-19.

ZIMMERMAN, B. Becoming a self-regulated learner: an overview. *Theory Into Practice*, [s. l.], v. 41, n. 2, p. 64-70, 2002.

ZIMMERMAN, B. J. Motivational sources and outcomes of self-regulated learning and performance. *In:* SCHUNK, D. H.; ZIMMERMAN, B. J. (ed.). Handbook of self-regulation of learning and performance. New York: Routledge, 2011. p. 49-64.

ZIMMERMAN, B. J.; SCHUNK D. H. *Handbook of Self-Regulation of Learning and Performance.* Nova York: Routledge, 2011.

SOBRE O FLUXO DO CAPITAL ARTÍSTICO ENTRE A ORQUESTRA E O PÚBLICO EM CONCERTOS AO VIVO

Jorge Augusto Scheffer
Guilherme Gabriel Ballande Romanelli

O capital artístico

Quais são os motivos que nos levam a sair de casa para assistir um evento ao vivo? Quais fatores determinam nossas escolhas? A busca é tão somente por entretenimento ou existem outras necessidades? A música clássica ainda está presente entre as nossas alternativas? Em uma apresentação ao vivo, apenas a apreciação musical é suficiente ou buscamos algo além de sons organizados esteticamente?

Mesmo não havendo um consenso entre os estudiosos sobre sua origem, sabe-se que as pessoas "tanto no passado como no presente têm investido enorme quantidade de esforço, trabalho, conhecimento, devoção, paixão e dinheiro" (ELLIOTT; SILVERMAN, 2015, p. 54) para compor, produzir, ouvir ou ter envolvimento com qualquer atividade relacionada com o fazer musical dentro dos contextos socioculturais em que vivem.

Mas por que nos relacionamos com os sons organizados esteticamente? Para Sloboda (2008), um dos principais motivos pelos quais nos importamos com as atividades musicais é porque a música consegue, além de melhorar nossa vida emocional, despertar emoções profundas e significativas.

Uma razão adicional destacada pelo autor é a correlação entre os sons e as atividades coletivas das quais participamos, pois, além da música possuir muitos significados dentro de uma determinada sociedade, ela pode gerar muitos retornos sociais para os envolvidos nessas práticas.

Ou seja, distintas sociedades e indivíduos podem valorar e interagir com a música de múltiplas formas. Atividades como a elaboração, o ensino, a aprendizagem, a execução, a apreciação tendem a ser contextualizadas socialmente por meio da valoração humana de padrões sonoros e, por meio dessas diversas perspectivas, apresentam diferentes significados para distintos grupos sociais (ELLIOTT; SILVERMAN, 2015; BLACKING, 2000).

Para Small (1998), as ações humanas de tocar um instrumento musical, cantar, dançar, compor e escutar são, essencialmente, algumas das atividades que permitem o estreitamento e a ampliação do relacionamento entre os seres humanos.

Para o autor, muitas são as atividades que podem ter conexão direta ou indireta com o fazer musical. Por um lado, encontram-se as atuações relacionadas à criação, à execução, à apreciação, aos ensaios e ao estudo deliberado. Todavia, paralelamente a essas ações, outras funções são executadas e apresentam igual importância na estruturação de um evento, por exemplo, os trabalhos realizados pelos responsáveis por questões técnicas, de iluminação, produção, sonorização, montagem de palco, limpeza, marketing, administração, entre outras tarefas que possam contribuir, de alguma forma, na produção de uma performance musical ao vivo.

Sendo assim, podemos considerar que essas práticas culturais, essencialmente as relacionadas à música ao vivo, conectam-se intrinsicamente com o engajamento humano às múltiplas atividades que envolvem as ações e reflexões dentro das diferentes práxis musicais.

Portanto, o termo "fazer musical" é interpretado neste contexto como um conceito amplo e coletivo, que envolve as inúmeras atividades executadas por músicos — instrumentistas, maestros, compositores — e "não músicos", por exemplo, todas as pessoas ligadas às atividades de produção e administração dos grupos musicais e, evidentemente, o próprio público

Ou seja, encaramos o vínculo social estritamente como um dos principais valores do fazer musical coletivo, bem como que a sua sustentação está na concepção de que a música é elaborada "por pessoas" e "para pessoas", isto é, os seres humanos envolvidos no núcleo de todas as atividades musicais. Em vez de reduzir a música somente em sons agregados e em um fenômeno isolado, o conceito do fazer musical engloba todas as dimensões musicais e suas conexões com os ambientes socioculturais (ELLIOTT; SILVERMAN, 2015; SMALL, 1998).

Portanto, de acordo essas perspectivas, as conexões oriundas das multifacetadas experiências cotidianas tendem a influenciar — de forma intencional ou não — os hábitos musicais individuais ou coletivos. Dentre eles, apresenta-se a apreciação musical cotidiana que, por vezes, desempenha uma função primária e, em outras, serve-nos somente como uma categoria de "música ambiente" relegada um segundo plano.

Mesmo com uma maior acessibilidade às inovações tecnológicas e, hipoteticamente, a não necessidade de "sair de casa" para uma apreciação musical com excelente qualidade, a realização de eventos com a música ao vivo ainda tem sido disseminada e produzida em larga escala na maioria das sociedades.

De acordo com Serra (2015), essas produções ao vivo podem ser consideradas mais do que apresentações de sujeitos com habilidades vocais e/ou instrumentais, sendo esses shows, recitais, musicais ou concertos "eventos sociais e artísticos nos quais todos os participantes estabelecem relações em tempo real, mediados por diferentes fatores musicais, sociais e psicológicos" (SERRA, 2015, p. 12).

Para Small (1998), uma determinada atividade musical acontece em um lugar onde se estabelecem, essencialmente, um conjunto de relações humanas. Portanto, com esse princípio, podemos considerar que os estudos dessas relações, estabelecidas em tempo real em um concerto ao vivo, são a chave para entendermos o significado das múltiplas conexões do público com a música, principalmente, da valoração individual ou coletiva das atividades correlatas com o fazer musical.

Independentemente de onde, como, por quem e em quais circunstâncias socioculturais, elaborou-se uma determinada obra musical — incluindo aqui todas as diferentes interfaces socioculturais da criação —, a relação dos seres humanos com uma determinada música acontece por diferentes finalidades, em múltiplas circunstâncias, em inúmeros lugares, com diversos modelos de relacionamentos e distintas formas de organização dos sons.

Todavia, apesar da amplitude de finalidades, circunstâncias e da diversidade resultante das inúmeras formas de organização dos sons, podemos considerar que somos capazes, com distintas proporções, de estratificar, discriminar e categorizar as obras musicais.

A comparação entre algumas diretrizes formais, bem como a identificação das diferenças, pode nos levar a valorar e a classificar uma determinada música como singular e possuidora de informações *sui generis*. Referências que podem estar atreladas às incontáveis formas de combinações dos sons e do silêncio em uma obra musical com a utilização de alguns elementos essenciais, como a melodia, a harmonia, o ritmo, o timbre, a dinâmica, entre outros.

Assim sendo, podemos ponderar, de forma muito elementar, que ocorre em algum momento da composição (i) a escolha de uma sequência de sons musicais sucessivos e dispostos em um plano horizontal (melodia), (ii) que podem ou não estarem conectados por uma coesão vertical (harmonia), (iii) tendo ambas as sequências distribuídas proporcionalmente em algum lugar do espaço tempo (ritmo), (iv) executadas de forma concomitante por um ou mais instrumentos musicais (timbres), bem como (v) a gestão das intensidades de execução da música, com fortes, pianos, crescendos e diminuendos (dinâmica)

Entendemos, com base nestas considerações, que essas especificidades, ainda que limitadas apenas à escolha e à organização dos sons, somadas aos objetivos primários da criação e influenciadas ou não por circunstâncias socioculturais, são algumas das características intrínsecas às obras musicais e que edificam, parcialmente, o seu capital artístico.

À vista disso, podemos apontar que essas são algumas das peculiaridades pelas quais as obras musicais podem ser identificadas, diferenciadas e classificadas. Essa seleção pode ocorrer na medida em que a decodificação das suas características nos permite a realização de uma estratificação em períodos, classes, subclasses, estilos, gêneros, organogramas, entre outras inúmeras possiblidades de classificação objetivas e subjetivas.

Ademais, devemos levar em consideração, igualmente, que cada sujeito pode possuir uma "capacidade definida e limitada de apreensão da informação proposta pela obra" (BOURDIEU; DARBEL, 2007, p. 71) em seu conjunto ou relacionada a uma determinada época, escola ou compositor. Essa capacidade, de acordo com autores, pode ter relação com o conhecimento global do indivíduo, adquirido ao longo do tempo por meio da família, escola e sociedade, ou seja, do processo de aquisição de valores e comportamentos durante a exposição ao meio cultural em que se vive e igualmente por meio das experiências sociais do cotidiano.

Neste contexto, levamos em conta que as obras musicais executadas por uma orquestra são detentoras de códigos artísticos e culturais desigualmente complexos e requintados. Todavia, entendemos também que a decodificação deles colabora na compreensão contextual e nas possibilidades de classificação no tocante aos diversos gêneros, estilos, formas, períodos, entre outras.

Igualmente, ponderamos que a capacidade de decifração desses códigos e, consequentemente, a apreensão do capital — entendido como um "sistema de valores implícitos e profundamente interiorizados" (BOURDIEU, 2007a, p. 42) — e da significação artística de uma determinada obra pode acontecer com maior ou menor facilidade pelo público, pois, segundo Bourdieu e Darbel (2007, p. 76), esse processo depende da "diferença entre o nível de emissão" dessas características e o "nível de recepção" de cada indivíduo.

Com base no exposto até o momento, vale salientar que trabalhamos, durante o desenvolvimento da tese[1], com a hipótese de que uma determinada orquestra — músicos, maestros, técnicos, compositores, administração, entre outras pessoas envolvidas na organização de um concerto ao vivo — atua como a instituição responsável por organizar os canais de comunicação que permitiram a *emissão* do capital artístico inerente às obras musicais que compõem um determinado programa de concerto. Por outro lado, o público que assistiu aos concertos observados durante a construção da pesquisa de campo assumiu o papel de *receptor* desse capital.

Dentro dessa interface, buscou-se respostas à seguinte questão para a escrita da tese: quais são os fatores relacionados à emissão e à recepção do capital artístico presentes nas produções musicais da Camerata Antiqua de Curitiba (CAC)?

Na busca por respostas, objetivou-se, primariamente, investigar, sob a ótica do conceito de emissão e recepção do capital artístico, as produções musicais realizadas pela Camerata Antiqua de Curitiba. Nessa direção, buscou-se realizar um diálogo entre as concepções sobre as relações individuais e coletivas com o fazer musical (ELLIOTT; SILVERMAN, 2015; SMALL, 1998) e as diferentes formas de associação com a emissão e recepção do capital artístico (BOURDIEU; DARBEL, 2007).

Todas as atividades tiveram sempre o intuito de levantar as informações mais relevantes sobre as relações do público com a orquestra e, igualmente, identificar e descrever os indicadores relacionados à emissão e à recepção do capital artístico nas produções musicais da CAC.

Essencialmente, este trabalho foi justificado pelas atuais preocupações demonstradas pelas pesquisas a respeito das mudanças ocorridas nas últimas décadas nas formas de consumo da produção musical e na valoração social de determinados bens culturais.

No caso das orquestras — que necessitam de um alto investimento estatal ou privado para a sua manutenção, bem como que constroem as temporadas com programas de concerto que privilegiam em grande parte

---

[1] Este texto tem como base a síntese da tese de doutorado escrita por Jorge Augusto Scheffer - sob orientação de Guilherme Gabriel Ballande Romanelli - intitulada "O Amor Pela Música: Sobre o Fluxo Do Capital Artístico entre a Orquestra e o Público". Disponível em: https:// acervodigital.ufpr.br.

a música escrita nos últimos cinco séculos —, existem significativas preocupações na elaboração de novas estratégias que permitam uma adaptação aos novos conceitos relacionados ao gosto musical, às formas de se relacionar com a percepção musical e, principalmente, à busca da renovação do público que frequenta as salas de concerto.

Sem dúvida, as últimas décadas têm nos apresentando um aumento significativo no número de pesquisas em diversas áreas — entre elas a psicologia e a sociologia — e diversas estratégias metodológicas, como a etnografia e o *survey*, que têm por objetos de estudo as diversas interfaces que cercam a música ao vivo.

Além de consideráveis bancos de dados nacionais como da Inglaterra (AUDIENCE FINDER, 2016), França (AFO, 2014) e Estados Unidos (NADAC, 2002), pesquisadores como Sampaio (2018), Teperman (2018), Bradley (2017), Bomfim (2017), Dobson e Gaunt (2015), Serra (2015), Brand *et al.* (2012), Pitts *et al.* (2013), Sloboda e Ford (2011), Radbourne (2007), Thompson (2006), Pitts (2005), Kolb (2001) são apenas alguns dos exemplos de pesquisas que estão sendo utilizadas ultimamente para conceber um panorama a respeito das diferentes problemáticas que têm cercado recentemente a música de concerto, em particular as investigações relacionadas ao envelhecimento e à diminuição do público, à ressignificação social das orquestras, às mudanças nos hábitos do consumo de bens culturais, à diminuição do número de orquestras e, consequentemente, ao decréscimo do número de vagas no mercado da música orquestral.

No entanto, é preciso destacar que as pesquisas, em sua grande maioria, foram desenvolvidas por meio de abordagens metodológicas que não privilegiam a observação sistemática de todos os participantes que possam estar envolvidos em um concerto. Fato esse que certifica as decisões teórico-metodológicas por nós adotadas na busca por indicadores.

Assim sendo, com referenciais que afirmam a relevância do tema abordado, buscamos dados que pudessem corroborar com o entendimento sobre as influências das especificidades inerentes à música de concerto no fluxo do capital artístico entre a CAC e seu público.

A investigação

Muitos são os desafios quando se busca uma metodologia que consiga dar conta de todas as particularidades envolvidas no estudo de um determinado fenômeno. De posse da certeza de que nenhum método tem a plenitude de sua eficiência, ou seja, sempre com soluções e problemas e com convicções e ressalvas andando lado a lado, procuramos definir apenas as melhores estratégias para iluminar os caminhos mais adequados a se seguir nesta pesquisa.

Quando fixamos na investigação os principais atores do cenário do fazer musical ao vivo — orquestra e seu público —, deparamo-nos com questões com acentuada complexidade. Por conta da ausência de respostas objetivas, consideramos a hipótese da necessidade de se realizar uma investigação com amplitude temporal e com profundidade na exploração temática, pois acreditamos que apenas desse modo poderíamos trazer à luz algumas considerações mais assertivas sobre as demandas ainda inexploradas.

Diante de tais complexidades, encontramos na utilização de um enfoque etnográfico algumas soluções possíveis para a estruturação e execução dos procedimentos, principalmente, no dinamismo da observação participante e na imersão de longo prazo do pesquisador nos processos que envolveram todos os eventos estudados.

Para Romanelli (2009), a opção por um enfoque etnográfico em uma investigação — baseado em um trabalho descritivo e analítico construído ao longo de diversas etapas, que se conjuga no processo de desenvolvimento do estudo e que privilegia a observação participante como estratégia de campo — pode permitir, por meio das reflexões teóricas sobre os dados coletados, o desenvolvimento de significativas análises a respeito das diferentes relações das pessoas com o fazer musical.

Ou seja, para a realização da pesquisa empírica, optou-se por uma aproximação com o cotidiano da orquestra — antes, durante e depois dos concertos — que nos permitisse observar todos os pormenores que fazem parte da construção das relações entre a orquestra e o seu público durante um concerto ao vivo.

Certamente, um concerto ao vivo pode ser percebido por diferentes pessoas por diversas perspectivas, todavia, ele não deixa de ser, tanto para músicos como para o público, uma experiência social.

Corroboramos com a percepção de que a "etnografia da performance musical marca a passagem de uma análise das estruturas sonoras à análise do processo musical e suas especificidades" (OLIVEIRA PINTO, 2001, p. 227), por meio da qual se preserva um enfoque direcionado a uma maior abrangência do fazer musical como processo e não como um produto

Ou seja, a ênfase dos procedimentos etnográficos dentro da área da música objetivou a busca pelas diferentes significações sociais oriundas dos vínculos entre indivíduos e o fazer musical.

A escolha da Camerata Antiqua de Curitiba, que completa, em 2023, 49 anos de existência, justificou-se pelo fato de a orquestra manter uma regularidade semanal nas apresentações de concertos na cidade de Curitiba e pelo interesse da administração nos dados coletados e nos resultados oriundos da investigação.

Para tanto, foram realizadas 47 observações etnográficas divididas em 38 concertos e 9 ensaios, totalizando mais de 100 horas de trabalho de campo. Além disso, foram realizadas 54 entrevistas distribuídas entre o público (n=37), músicos (n=8), maestros (n=4), compositores (n=2) e membros da administração (n=3).

No intuito de complementar as informações, algumas pessoas do público que frequentaram os concertos investigados foram convidadas a responder a um questionário *on-line* com perguntas (n=34) relativas ao tema abordado. Foram enviados 310 e-mails com o convite para a participação com a obtenção de 170 respostas (54,8%).

Todo esse processo foi desenvolvido durante os anos de 2016 e 2019, ao longo do percurso de doutoramento no Programa de Pós-Graduação em Música da UFPR e foi dividido em duas etapas. Primeiramente, uma sondagem inicial foi realizada, por meio da qual foi possível testar a metodologia e desenvolver as categorias de análise e, em um segundo momento, foi empreendida a pesquisa de campo principal com toda a coleta de dados planejada pela metodologia.

A orquestra e o capital artístico

Neste momento, serão apresentados os dados relativos às percepções dos músicos, maestros e compositores entrevistados sobre as especificidades que compõem o capital artístico de uma determinada obra musical, bem como sobre a preparação individual com aderência aos códigos intrínsecos a cada composição.

No Quadro 1, podemos observar, sinteticamente, que compositores, instrumentistas e maestros corroboraram com a percepção da existência de um "DNA" em cada obra musical. Além disso, durante a preparação para performance, a aproximação com estes códigos acontece, essencialmente, de forma coletiva.

Quadro 1 – Capital artístico: definição e preparação

A ORQUESTRA E O CAPITAL ARTÍSTICO			
CATEGORIA	ELEMENTO	UNIDADE	Síntese das considerações
Competências	Capital artístico	Especificidades	Músicos e maestros salientaram contextos mais abrangentes: formas, períodos e detalhes técnicos de execução (voz e/ou cordas). Por outro lado, os compositores tiveram mais profundidade nas definições dos códigos intrínsecos das obras musicais abordadas.
		Preparação	Apesar dos estudos individuais serem uma prática habitual — mesmo que por diferentes períodos, estratégias e propósitos —, houve uma percepção geral de que é a preparação coletiva (ensaios) que permite uma maior compreensão e exploração estilística dos signos (códigos) inerentes às obras musicais,

Fonte: os autores

As informações destacadas por músicos e maestros nessa temática puderam, igualmente, ser aferidas nas observações etnográficas realizadas durante os ensaios. A presença e as observações foram de suma importância para a investigação como um todo, principalmente, no sentido de assimilar as diferentes tendências dos discursos dos maestros, no tocante às linhas interpretativas individuais, bem como da atividade dos músicos a respeito das práticas de execução e valoração do trabalho coletivo na identificação e estruturação de cada atributo que compõem o capital artístico das obras musicais.

Em suma, podemos considerar que a soma das potencialidades individuais dos músicos e maestros oriundas das diferentes experiências particulares são estruturadas e agrupadas em uma orquestra, sobretudo, de forma coletiva, como resultante desse processo, temos a acepção dos códigos intrínsecos a uma determinada obra musical.

Essa práxis coletiva permite, no fazer musical de um concerto ao vivo, a emissão dos códigos em forma de sons estilisticamente organizados e correlacionadas a cada conjunto de significados.

No Quadro 2, podemos observar alguns detalhes relevantes no que se refere à autenticidade durante a emissão desses códigos e da relevância considerada pela orquestra sobre as diferentes formas de comunicação envolvidas em uma performance.

Quadro02 – Capital artístico: autenticidade e comunicação

A ORQUESTRA E O CAPITAL ARTÍSTICO			
CATEGORI A	ELEMENTO	UNIDADE	Síntese das considerações
Concepção da performance	Emissão	Autenti cidade	Aspectos comuns foram constatados, os quais podem interagir como agentes potencializadores ou limitadores da autenticidade musical (emissão do capital artístico) em um concerto ao vivo, tais como: (i) heterogeneidade na formação individual, (ii) enfoque total na música antiga no caso da CAC, (iii) contato com especialistas, (iv) afinidade pessoal e coletiva com o repertório, (v) influência das percepções individuais e (vi) a influência do contexto (local, objetivos, período, a presença de público, entre outros) do momento da execução ao vivo.
	Comunicação	Escrita	Apesar de ser um elemento optativo para a música de concerto, houve uma consonância no que se refere à importância do programa de concerto, tanto para situar o público contextualmente como para aproximar o ouvinte da possibilidade de executar com mais eficiência a decodificação das especificidades pertinentes a cada obra musical.
		Oral	As repostas apresentadas por músicos da orquestra e maestros nos levaram a um entendimento de que há um certo grau de eficiência contextual no uso da oralidade em um concerto ao vivo. Entretanto, a eficácia dessa ferramenta está atrelada ao equilíbrio entre diversas variáveis — o que se fala, quem fala, como se fala, em qual momento se fala e qual a duração adequada do discurso.

		Gestual	Houve, de maneira geral, uma expressiva valoração da comunicação gestual durante um concerto ao vivo. As expressões faciais e os movimentos corporais foram entendidos como elementos paralelos ao som, todavia, indissociáveis do fazer musical. Isto é, a comunicação gestual opera como um elemento organizador da fluência musical interna entre os próprios músicos no palco. Uma ferramenta coletiva que auxilia na amplificação dos relacionamentos humanos em uma sala de concerto.

Fonte: os autores

Com base nos conteúdos apresentados até o momento, acreditamos que a correlação das habilidades sociais e musicais no contexto do trabalho em orquestras profissionais têm influência direta na força da comunicação musical no palco e, do mesmo modo, nas diversas interfaces que envolvem a interação entre os atores envolvidos no fazer musical. Seguramente, esses são aspectos relevantes e que podem fazer a diferença, em uma determinada orquestra, no envolvimento eminentemente autêntico com as especificidades que compõem o fazer musical ao vivo.

Enfim, podemos destacar que a autenticidade musical foi manifestada por instrumentistas e maestros, principalmente, como resultante do enfoque primário há mais de quatro décadas na interpretação e execução da música antiga pela orquestra pesquisada, bem como da busca pela capacitação constante por meio do contato com profissionais — músicos e maestros — que possuem a expertise específica desta área.

Levando em consideração que o público "constitui uma condição necessária à prossecução de qualquer carreira artística" (CAMPOS, 2007, p. 97), essa temática teve por objetivos deliberar sobre as percepções individuais dos maestros e músicos da CAC sobre o papel da plateia (Quadro 3) na construção do fazer musical e se há ou não algum tipo de influência do público na maneira como os músicos executam uma peça musical.

Quadro 3 – Capital artístico: papel do público na emissão

A ORQUESTRA E O CAPITAL ARTÍSTICO			
CATEGORIA	ELEMENTO	UNIDADE	Síntese das considerações
Relações com a música	Público	Função	A orquestra considera que existe uma grande importância não só para a presença de uma plateia, mas também para a relevância da interação entre os atores envolvidos na cena de um concerto ao vivo. Para a CAC, as diversas formas de relacionamento possíveis durante uma performance musical podem agir diretamente na maneira com a qual os músicos interagem com as obras musicais e, igualmente, nas relações com o fluxo do capital artístico entre a orquestra e o público.

Fonte: os autores

Por fim, destacamos dessa etapa da investigação a importância ressaltada por músicos e maestros à função do público para os concertos ao vivo da CAC. Além de nos surpreender como pesquisadores e músicos, as respostas nos permitem afirmar que existem diferentes categorias de diálogos ocultos entre todos os presentes em uma sala de concertos e que podem viabilizar e potencializar, em diferentes medidas, o fluxo do capital artístico entre ambas as partes.

O público e o capital artístico

Uma das tarefas mais interessantes e complexas da investigação foi a definição do público da Camerata Antíqua de Curitiba. Como não foi considerada apenas uma plateia de um concerto específico, e, sim, variados públicos de diferentes concertos e repertórios, precisávamos, então, coletar as informações, via questionários e entrevistas, que pudessem traçar um perfil do "público da CAC" que frequentou os concertos investigados.

Sem a pretensão de generalizar ou determinar uma representação simbólica do público que frequenta os concertos da CAC, podemos mostrar, com base nos maiores índices apresentados na nossa pesquisa, uma síntese das principais características identificadas. Ou seja, de acordo com os dados coletados durante o período, a maioria do público que frequentou os concertos da orquestra:

- Estava na faixa etária entre 35 e 44 anos;
- Estava cursando ou já tinha concluído o ensino superior (56,5%);
- Teve ou estava tendo aulas de música (53,2%) em escolas/aulas particulares (38,1%) ou universidades (28%);
- Assistiu a CAC de 2 a 6 vezes por ano;
- Assistiu a outras orquestras de 2 a 6 vezes por ano;
- Frequentou museus, cinema e/ou teatro em média quatro vezes por ano;
- Eram solteiros (52,3%) ou casados (35,1%), morando na sua maioria em um domicílio com 2 (32,2%) ou 3 pessoas (22,1%);
- Possuíam renda média mensal de cinco (5) a dez (10) salários-mínimos.

A seguir, serão apresentados uma síntese dos dados coletados e relacionados com cada categoria, elemento e unidade de análise — todos relacionados com o público e sua interação com o fenômeno estudado.

Quadro 4 – Público — expectativa e motivação

O PÚBLICO E O CAPITAL ARTÍSTICO			
CATEGORIA	ELEMENTO	UNIDADE	Síntese das considerações
Expectativa	Motivação	Estímulo para a presença	*Motivações principais via questionários*: "apenas apreciar a orquestra" (66%) e interesse no repertório (23%).
			Motivações principais via entrevistas: hábito de acompanhar regularmente os concertos, programas de entrevistas no rádio, interesse específico no coro/orquestra motivado pela prática individual do canto/instrumento, pelo espaço e acústica da Capela Santa Maria[2], contar com parentes integrantes da CAC, turismo na cidade de Curitiba.

---

[2] Desde 2008, a CAC tem como sede oficial a Capela Santa Maria Espaço Cultural. Construída pela Congregação Marista em devoção à Nossa Senhora da Conceição, a capela foi inaugurada no ano de 1939 como parte das edificações do colégio Santa Maria, que funcionou no local por mais de 60 anos. Propriedade do município desde 1998, foi restaurada e transformada em um espaço para apresentação de música erudita, possuindo uma capacidade para duzentos e setenta e oito lugares. Além dos serviços realizados pela CAC, o local também é sede do Instituto Curitiba de Arte e Cultura.

O PÚBLICO E O CAPITAL ARTÍSTICO			
		Como soube do evento	Convite de amigos e/ou parentes (49,4%), artigos de jornal, internet, TV ou rádio (31,5%) e programação impressa da CAC (15,2%).

Fonte: os autores

Certamente, consideramos que essa é uma categoria (Quadro 4) que merece uma atenção acentuada de todas as instituições que trabalham com o fazer musical ao vivo. O estabelecimento de um relacionamento com uma maior fidelidade entre a orquestra e seu público pode estar também calcado nas expectativas e motivações de ambas as partes e que são essenciais, certamente, na construção de uma completa experiência coletiva em um concerto ao vivo.

Compreender com profundidade os principais motivos que levam uma pessoa sair de casa para assistir a um concerto passa a ter uma relevância acentuada nos dias de hoje, principalmente, se levarmos em conta as mudanças nos hábitos de consumo dos bens culturais nas últimas décadas e os avanços tecnológicos que permitem, em algum grau, mimetizar experiências reais.

Entende-se aqui que, apenas com uma visão clara dessas motivações, será possível trabalhar com estratégias institucionais, tanto para estimular cada vez mais a frequência como para atrair novos públicos para a música de concerto.

Outra categoria investigada foi a "comunicação", por meio da qual buscamos indícios que pudessem colaborar na construção de um entendimento sobre a valoração por parte do público dessas ferramentas paralelas às execuções instrumentais.

A seguir, no Quadro 5, apresentamos uma síntese das percepções sobre as três formas de comunicação investigadas via observação etnográfica, entrevistas e questionários.

Quadro 5 – Público — sobre a comunicação

O PÚBLICO E O CAPITAL ARTÍSTICO			
CATEGORIA	ELEMENTO	UNIDADE	Síntese das considerações
Comunicação	Escrita	Programa de concerto	• Colabora na compreensão da mensagem por meio da tradução das letras (no caso de músicas cantadas). • Contribui para situar o público em relação à composição da obra — número de movimentos, presença de solistas, entre outros componentes. • Ajuda na distinção sobre as particularidades de cada compositor, tanto para informações históricas como para as especificidades da época em que se escreveu a obra. • Amplia o conhecimento sobre a música de concerto. • Provem informações sobre maestros, instrumentistas, solistas convidados, entre outras pessoas que possam estar envolvidas na construção do evento. • Acentua a conexão entre a obra, o compositor e a performance da orquestra.
	Oral	Explanações verbais	• Confere mais profundidade à apreciação musical. • Amplia o conhecimento sobre especificidades das obras e compositores. • Oportuniza às pessoas com pouca frequência em concertos, ou aprendizagem musical, a recepção de informações relevantes para um determinado repertório. • Retém a atenção do público às particularidades de determinadas músicas. • Potencializa a interação entre a orquestra e o público.

O PÚBLICO E O CAPITAL ARTÍSTICO		
Gestual	Linguagem corporal	• As movimentações do corpo e as expressões faciais foram percebidas como imanentes às performances instrumentais. • Viabilizam uma melhor sincronia e proximidade entre os presentes. • A responsividade coletiva com a interpretação pode ampliar a emissão dos signos intrínsecos às obras musicais. • Foi percebida como uma espécie de diálogo no qual existe a participação e interação de ambos — público e orquestra.

Fonte: os autores

Com exceção de apenas alguns maestros entrevistados — que enxergam o programa como opcional, que ele não deve conter informações muito impositivas e que possam induzir o leitor a determinadas circunstâncias —, o público, os músicos e os demais maestros, na sua grande maioria, revelaram uma consonância sobre a importância da palavra escrita no ambiente do fazer musical de concertos ao vivo.

Enfim, consoante com a maioria das opiniões destacadas pelos participantes, consideramos que o programa impresso tem uma atribuição fundamental na música de concerto atualmente. Essa ferramenta tem potencial para abrir canais de acesso a referenciais que podem colaborar na construção de uma melhor aproximação contextual entre os compositores, as obras, os maestros, a orquestra e o público que frequenta as salas de concerto.

Com relação à comunicação oral, apesar de algumas discordâncias apresentadas pelos entrevistados, podemos entender que esta estratégia pode ser um dos principais recursos de uma orquestra, além dos sons musicais, na transmissão de informações que, pelas múltiplas considerações por parte dos diferentes públicos, podem colaborar na decodificação das especificidades de uma determinada música e na compreensão contextual de cada composição.

Além disso, o contato com o público via a oralidade pode também amplificar o senso de pertencimento entre todas as pessoas envolvidas em um evento ao vivo e, igualmente, diminuir e equilibrar as diferenças de toda ordem entre o público e a orquestra.

Certamente, das classes de interlocuções estudadas nesta investigação, a comunicação gestual e suas distintas interfaces foram a que mais se aproximaram do sentido amplo do "porquê" diferentes pessoas se reúnem em uma sala de concertos e conferem uma certa lógica em uma apreciação musical pura e distante de outras finalidades, ou seja, apenas a música pela música.

Palavras escritas e faladas tiveram a sua dose de valoração, todavia, o misto de sons gerados pelos diferentes instrumentos musicais, somados aos inúmeros gestos derivados da interpretação individual e coletiva, foram, para o público, o amálgama que permitiu uma completa significação do fazer musical em um concerto ao vivo.

Sobre a "apreensão" do capital artístico, outra categoria de análise levada em consideração na pesquisa, coletamos, primariamente, os indícios que pudessem colaborar na compreensão a respeito do fenômeno estudado nesta investigação.

Tanto as entrevistas quanto os questionários foram elaborados para extrair do público algumas informações que puderam ser tratadas qualitativamente e, por diferentes perspectivas, vinculadas à apreensão do capital artístico.

Diante de seus limites metodológicos, é importante salientar que as observações etnográficas se mostraram ineficientes para trabalhar com a questão da apreensão de conteúdo. Entretanto, foi por meio delas que constatamos durante os concertos alguns indícios conectados à recepção de informações, tais como a leitura do programa de concerto e a responsividade coletiva, tanto para com as comunicações orais como para as execuções instrumentais.

No intuito de estratificar os dados obtidos, levamos em consideração, principalmente, as percepções de Bourdieu e Darbel (2007) a respeito dos sinais que podem respaldar, mesmo que de forma primária, a apreensão de determinados códigos artísticos. De acordo com os pesquisadores, a primeira forma de controle sobre o entendimento estético e cultural de uma obra é o domínio das palavras, as quais colaboram para uma classificação delas em categorias, sendo que essas divisões possuem correlação com a "percepção das diferenças e da fixação das lembranças, nomes próprios, conceitos históricos, técnicos ou estéticos" (BOURDIEU; DARBEL, 2007, p. 93).

Nos questionários, realizamos uma pergunta mais específica sobre essa temática e, por meio dela, buscamos referências relacionadas diretamente ao concerto assistido pelo participante. A questão apresentada no formulário para o participante foi a seguinte: quais músicas e/ou compositores mais te chamaram a atenção no último concerto que você assistiu com a Camerata Antiqua de Curitiba?

As respostas[3] apresentadas — todas com caráter descritivo e com a possibilidade de referenciar quantas obras e/ou compositores fossem lembradas pelo participante — foram tabuladas e organizadas (Tabela 1), conforme a representação gráfica a seguir:

Tabela 1 – Citações de obras e compositores — questionário

QUESTIONÁRIO – PÚBLICO	
CATEGORIA = apreensão	
ELEMENTO = recepção/memorização	
UNIDADE DE ANÁLISE = citação de obras e compositores	
COMPOSITORES[4]	**N.º DE CITAÇÕES**
▢*Johann Sebastian Bach*	29
Heitor Villa-Lobos	22
Robert Schumann	9
Antonio Vivaldi	9
Benjamin Britten	6
Marlui Miranda	6
Astor Piazzolla	6
Wolfgang Amadeus Mozart	5
▢*Alfredo da Rocha Vianna Filho (Pixinguinha)*	5
Dmítriy D. Shostakóvich	4
Johannes Brahms	3
Henrique de Curitiba	2
OBRAS	**N.º DE CITAÇÕES**

---

[3] Foram contabilizadas um total de 154 respostas de uma amostra de 170 participantes.

[4] Devido às diversas formas de respostas recebidas pelos participantes, optamos por escrever os nomes dos compositores por completo.

QUESTIONÁRIO – PÚBLICO	
Paixão Segundo São Mateus	7
Aleluia (da obra "O Messias")	4
Por Una Cabeza	4
Bachianas Brasileiras Nº 5	3
Primavera (da obra "As Quatro Estações")	3
O Trenzinho do Caipira	3
Missa Kewere	2

Fonte: os autores

Por meio desta questão mais direcionada ao evento assistido pelo participante, pudemos colher alguns referenciais que nos mostraram, mesmo depois do evento assistido, que alguns nomes de obras e compositores foram recordados.

Certamente, nesse último caso, não temos como comprovar o meio pelo qual a citação surgiu durante o preenchimento do formulário. Essa lembrança pode estar atrelada a diversos fatores, por exemplo, a leitura do programa impresso, conhecimento na área da música adquirido anteriormente ao concerto, pesquisas relacionadas ao programa, entre outros.

Entretanto, não podemos descartar a hipótese de que as referências foram, de alguma forma, transmitidas durante o concerto e apreendidas pelo público que preencheu o questionário posteriormente ao evento. Ou seja, entendemos que as alusões às obras e aos compositores podem ser consideradas, em diferentes medidas, como parte do processo do fluxo do capital artístico que está diretamente vinculado ao concerto.

Apesar do não aproveitamento de alguns dados, outras questões da entrevista e do questionário deram conta da averiguação, no tocante às especificidades das obras musicais assistidas pelo público da CAC.

Por intermédio dos questionários e entrevistas, pudemos incluir uma indagação diretamente ligada a essa temática. A questão abordada no formulário foi a seguinte: você poderia descrever alguns detalhes e destacar algumas informações sobre as músicas do concerto assistido?

A seguir, segue uma amostra (Quadro 6) das respostas recebidas e que tiveram relação direta com a questão abordada.

Quadro 6 – Público — especificidades das obras musicais — questionário e entrevistas

O PÚBLICO E O CAPITAL ARTÍSTICO			
CATEGORIA	ELEMENTO	UNIDADE	Síntese das considerações
Apreensão	Recepção memorização	Detalhes específicos das obras	"Achei interessante a obra *A Hymn to the Virgin*, de Benjamin Britten, com a divisão do coro: uma parte cantava em inglês e a outra em latim. Gostei muito também de *Five Tradicional Spirituals*. As vozes estavam muito harmoniosas" (Quest. 16).
			"Mistura da tradição da música orquestral ocidental com elementos da cultura indígena brasileira" (Quest. 31).
			"Os diálogos entre o violoncelo e contrabaixo deixaram a obra ainda mais sublime. Ela tinha três movimentos" (Quest. 33)
			"Senti uma forte tensão na música por ter notas e acordes dissonantes" (Quest. 53)
			"As técnicas vocais nos movimentos nos quais cantava a soprano assim como sua voz foram esplêndidos" (Quest. 102).
			"O que mais me tocou foram os violoncelos. Parecia que todos os instrumentos eram um só e você não ouvia qualquer nota dissonante. É como se você estivesse em um Brasil que deu certo" (Ent. 19).
			"Eu gostei bem mais da primeira parte, do primeiro movimento de [Johannes] Brahms. Foi mais feminino, redondo, melódico" (Ent. 20).
			"Eu gostei muito do Concerto Grosso do [compositor] Geminiani e da Suíte de Jean Marie LeClair" (Ent. 23).

O PÚBLICO E O CAPITAL ARTÍSTICO			
			"A fuga do Heitor Vila Lobos que é uma parte em que ela é um pouco acelerada. Parece com uma daquelas músicas Nórdicas e me lembra um pouco do [filme] Senhor dos Anéis" (Ent. 29).
			"Eu fiquei muito surpreso porque me enriqueceu culturalmente saber que Villa Lobos escrevia obras extremamente complexas" (Ent. 35).

Fonte: os autores

Em síntese, após a análise do conteúdo expresso nos questionários, pudemos estratificar algumas observações do público sobre as particularidades das obras assistidas. As principais especificidades relatadas possuíram vínculos com:

- As afinidades das obras com aspectos históricos.
- A relação com diferentes culturas.
- A conexão dos gêneros e estilos com os diversos períodos da história da música.
- A valoração de particularidades melódicas, rítmicas e harmônicas.
- A intensidade e energia da execução relacionadas com o contexto acústico dos locais dos concertos.
- As percepções sobre a composição da estrutura das músicas — divisão dos movimentos, das vozes do coro, dos arranjos orquestrais e das diferentes versões e instrumentações.
- Os contrastes na intensidade da performance e na diversidade de emoções proporcionadas.
- Diferentes aspectos da execução relacionados aos efeitos proporcionados por distintas técnicas instrumentais e vocais.

Certamente, uma das grandes diferenças das respostas oriundas das entrevistas em relação ao questionário foi que, naquele momento, os participantes não puderam consultar o programa ou realizar algum tipo de pesquisa para as declarações sobre o tema abordado. Isso se relacionou ao fato de elas serem realizadas instantes após a finalização dos concertos, ou seja, podemos partir da hipótese de que pelo menos alguns aspectos apresentados foram apreendidos, em sua grande maioria, antes ou durante os concertos.

Com base nessa observação, consideramos que a leitura do programa, as explicações orais e a atenção dispensada aos aspectos diretamente ligados à performance da CAC podem ser alguns dos elementos responsáveis pela emissão e apreensão de algumas das particularidades apresentadas pelos entrevistados.

Apesar de não ser possível afirmar com certeza se o conteúdo sobre as obras salientado pelos entrevistados foi, de fato, apreendido nos concertos assistidos, podemos sublinhar, com base nos dados provenientes das entrevistas e questionários, que múltiplas especificidades de diferentes obras musicais foram decodificadas e mencionadas por substanciais pontos de vista.

Por meio das características apresentadas pelos diversos públicos da CAC durante a investigação desta temática, constatamos que um concerto pode proporcionar experiências singulares e superar as múltiplas expectativas individuais.

Seguramente, os detalhes trazidos pelos participantes, por meio da presença em um concerto ao vivo, são encarados pela investigação não somente como simples lembranças, mas como indicadores indispensáveis do potencial formativo de uma orquestra que excede por diversas interfaces apenas a apreciação estética dos sons.

Aspectos históricos, culturais, formais, emocionais, técnicos, melódicos, harmônicos, rítmicos, estruturais, de gênero e de estilo foram alguns dos tópicos levados em consideração nas entrevistas e questionários respondidos pelo público quando abordado sobre temáticas relacionadas à categoria intitulada "apreensão".

Embora não possamos afirmar que todas as citações tiveram um vínculo direto com os concertos assistidos, não descartamos a hipótese de que as referências foram efetivamente transmitidas nos concertos e apreendidas pelo público presente nos eventos.

Apesar de considerarmos a existência de um capital cultural "pré-concerto" por parte de todos os presentes em um evento, podemos ponderar — com base nas inúmeras menções sobre as particularidades das obras assistidas, no uso eventual da oralidade, na presença do programa de concerto e na performance da orquestra — que a interação, a comunicação e a comunhão entre músicos e público foram questões determinantes para dar significação plena ao fazer musical e, por meio dela, novas experiências para ambas as partes foram oportunizadas.

Considerações finais

Na nossa investigação, tal qual um trabalho de *patchwork* ou conforme a junção das peças de um quebra-cabeça, os múltiplos indicadores puderam sustentar a existência de canais por meio dos quais o capital artístico pode circular entre os atores envolvidos no fazer musical ao vivo.

Por outro lado, destacamos que esse trânsito de informações pode sofrer interferências de ambas as partes, ou seja, "ruídos" na comunicação podem surgir por diferentes motivações. Tanto a orquestra como o público podem definir, por exemplo, a utilização (ou não) da comunicação oral e do programa em um determinado concerto. Fatos esses relevantes para o planejamento da comunicação e da fluidez plena da mensagem do fazer musical.

Com base em tais decisões, canais são abertos ou fechados por meio de vontades pessoais ou propósitos institucionais. Todavia, vale ressaltar que a apreciação musical, por si só, já deve ser considerada como a principal trilha de acesso às especificidades inerentes às obras musicais, pois é somente por meio dela que se assegura o contato, tanto dos músicos como do público, com as composições e as particularidades socioculturais de cada período da história da música.

Indubitavelmente, podemos afirmar que não existe apenas um caminho para a compreensão do fenômeno, todavia, as evidências com conexões à emissão e à recepção do capital artístico nos confirmam o enorme potencial do fazer musical em um concerto ao vivo, que vai muito além das experiências estéticas vividas por músicos e público e se apresenta como um indispensável agente disseminador de conhecimento e promotor do desenvolvimento sociocultural.

Por fim, sublinhamos o fato de que nesses tempos obscuros e de mudanças dentro da área das artes, apenas sons estão sendo insuficientes para o sentimento pleno do senso de pertencimento entre uma orquestra e o seu público dentro uma sociedade. Além do compromisso com a excelência artística e estética, entendemos que a significação global e o valor imaterial dessas instituições estão intimamente conectados a um melhor aproveitamento da utilização da riqueza dos recursos humanos disponíveis, tanto como ferramenta educacional como veículo de transformação social no ambiente em que estão inseridos.

Referências

ASSOCIATION FRANÇAISE DES ORCHESTRES (AFO). *Les Publics de l'orchestre – Enquête Nationale.* Paris: AFO, 2013-2014.

AUDIENCE FINDER. *National Audience data and development programme.* Londres: Arts Council England, 2014-2016.

BLACKING, J. *How musical is man?* 6. ed. Washington: University of Washington Press, 2000.

BOMFIM, C. C. *A música orquestral, a metrópole e o mercado de trabalho*: o declínio das orquestras profissionais subsidiadas por organismos públicos na Região Metropolitana de São Paulo de 2000 a 2016. 423f. Tese (Doutorado em Música) – Instituto de Artes, Universidade Estadual Paulista Júlio de Mesquita Filho, São Paulo, 2017.

BOURDIEU, P. A escola conservadora: as desigualdades frente à escola e à cultura. *In:* BOURDIEU, P. *Escritos de Educação.* Organização de Nogueira, M. A. e Catani, A. 9. ed. Petrópolis: Vozes, 2007a. p. 39-64.

BOURDIEU, P.; DARBEL, A. *O amor pela arte*: os museus de arte na Europa e seu público. Tradução de Teixeira, G. J. de F. 2. ed. São Paulo: EDUSP; Porto Alegre: Zouk, 2007b.

BRADLEY, C. National Classical Music Audiences – an analysis of Audience Finder box office data for classical music events 2014-2016. *The audience agency*, Londres, 2017.

BRAND, G.; HATHAWAY, M.; SLOBODA, J.; SAUL, B. The reciprocal relationship between jazz musicians and audiences in live performances: a pilot qualitative study. *Psychology of Music*, Londres, v. 40, n. 5, p. 634-651, 2012.

DOBSON, M. C.; GAUNT, H. F. Musical and social communication in expert orchestral performance. *Psychology of Music*, Londres, v. 43, n. 1, p. 24-42, 2015.

ELLIOTT, D. J.; SILVERMAN, M. Music. *In:* ELLIOTT, D. J.; SILVERMAN, M. *Music Matters* – A Philosophy of Music Education. 2. ed. New York: Oxford University Press, 2015.

KOLB, B. M. The effect of generational change on classical music concert attendance and orchestras responses in the UK and US. Cultural. *Trends Journal*, Londres, v. 11, ed. 41, 2001.

NADAC - National Archive of Data on Arts & Culture. Michigan: ICPSR, 2001 - 2002. Disponível em: https://www.icpsr.umich.edu/icpsrweb/NADAC/studies/35535. Acesso em: 15 nov. 2023.

OLIVEIRA PINTO, T. de. Som e música: questões de uma antropologia sonora. *Revista de Antropologia*, São Paulo, USP, v. 44, n. 1, p. 221-286, 2001.

PITTS, S. E. What makes na audience? Investigating the roles and experiences of listeners at a chamber music festival. *Music and Letters*, Sheffield, v. 86, n. 2, 2005.

PITTS, S. E.; DOBSON, M. C.; SPENCER, C. P. Views of na audience: understanding the orchestral concert experience from player and listener perspectives. *Journal of audience and receptions studies*, Sheffield, v. 10, n. 2, 2013.

RADBOURNE, J. *Business model for the 21st century orchestra*. Management research education and business success: Is the future as clear as the past? Warwick: British Academy of Management, 2007.

ROMANELLI, G. G. B. *A música que soa na escola*: estudo etnográfico nas séries iniciais do ensino fundamental. 2009. 197f. Tese (Doutorado em Educação) – Universidade Federal do Paraná, Curitiba, 2009.

SAMPAIO, J. L. OSESP 2019. *Revista Concerto*, São Paulo, n. 254, p. 22-26, out 2018.

SERRA, J. A. A New Approach to Relationships in Live Music: Redefining Emotional Content and Meaning. *Digithum*, Barcelona, n. 17, p. 11-19, jun. 2015.

SLOBODA, J. A. *A mente musical*: psicologia cognitiva da música. Tradução de Ilari, B. e Ilari, R. Londrina: Eduel, 2008.

SLOBODA, J. A.; FORD, B. What Classical Musicians Can Learn from Other Artys on Building Audiences. *In:* MUSIC AND BRAIN CONFERENCE, 2011, Londres. *Transcripts* [...]. Londres: Instituto de Neurologia, 2011.

TEPERMAN, R. Dissonância em concerto: a inauguração da Sala São Paulo. *Revista Sociologia e Antropologia*, Rio de Janeiro, v. 08, p. 245-272, jan./abr. 2018.

THOMPSON, S. Audience responses to a live orchestral concert. *Musicae Scientiae*, v. 10, n. 2, p. 215-244, set. 2006.

PROCESSOS METACOGNITIVOS NA PRÁTICA MUSICAL EM GRUPO

Flávio Denis Dias Veloso
Rosane Cardoso de Araújo

Este estudo é parte de uma pesquisa[5] na qual se buscou a compreensão acerca de como os musicistas desenvolvem habilidades para a performance musical em práticas coletivas, partindo do pressuposto de que as variáveis sociocognitivas (BANDURA, 2005) e os processos metacognitivos (FLAVELL, 1979) são fundamentais à aprendizagem musical em grupo. Nos últimos anos, pesquisadores das áreas da cognição e educação musical têm investigado o desenvolvimento de habilidades para a performance musical em contextos individuais e coletivos (MCPHERSON; ZIMMERMAN, 2011; HADDON, 2013; JØRGENSEN; HALLAM, 2016; VELOSO; ARAÚJO, 2019; KING, 2021). Neste cenário, a metacognição representa um construto teórico potencialmente auxiliador nas iniciativas investigativas e intervencionistas (HALLAM, 2001; FERIGATO; FREIRE, 2015).

O termo "metacognição" foi proposto pelo psicólogo estadunidense John Flavell (1928-) com o foco na descrição dos processos pertinentes ao conhecimento e controle (envolvendo planejamento, monitoramento e ava-liação) dos empreendimentos cognitivos (FLAVELL, 1979). Ribeiro (2003) explica que esse constructo corresponde à cognição de ordem superior, ao pensamento acerca do pensamento, o conhecimento sobre o próprio conhecimento e à regulação dos próprios processos mentais. Assim, "as metacognições podem ser consideradas cognições de segunda ordem: pensamentos sobre pensamentos, conhecimentos sobre conhecimentos, reflexões sobre ações" (WEINERT, 1987 *apud* RIBEIRO, 2003, p. 110).

Sabe-se que "a abordagem cognitiva e metacognitiva do fazer musical em diversos contextos é muito relevante quando se pretende investigar como os músicos atingem e mantêm um nível de expertise em sua prática" (FERIGATO; FREIRE, 2015, p. 119). Investigações no domínio do desenvolvimento de habili-dades para a performance musical revelam que músicos experientes se engajam

---

[5] Capítulo baseado na tese (doutorado em Música) intitulada "A prática e a aprendizagem da performance musical em grupos de câmara: uma investigação sob a perspectiva sociocognitiva" (2022) desenvolvida por Flávio Denis Dias Veloso sob a orientação de Rosane Cardoso de Araújo.

na autorreflexão acerca dos próprios desempenhos, visando a manutenção das competências e a ampliação da qualidade de suas performances por meio de práticas deliberadas e do uso de estratégias metacognitivas (HALLAM, 2001; POWER; POWELL, 2018; CONCINA, 2019; VELOSO, 2019).

Em face do exposto, o objetivo para este trabalho foi analisar (por meio de um estudo de caso exploratório) a ocorrência de processos metacognitivos nas práticas musicais de um quinteto de metais. A coleta de dados envolveu a observação sistemática de dois ensaios e a realização de duas entrevistas de grupo focal semiestruturadas. A análise dos dados qualitativos demandou procedimento da análise de conteúdo (BARDIN, 2011).

Processos metacognitivos: a regulação e os conhecimentos metacognitivos em foco

Flavell, Miller e Miller (2002) defendem que a metacognição envolve essencialmente os conhecimentos metacognitivos e os processos de autorregulação da cognição. À luz da metacognição, a regulação cognitiva relaciona-se com a prática e a aprendizagem da performance musical, considerando elementos como a qualidade das estratégias de prática mobilizadas, a gestão eficiente do tempo e das tarefas realizadas, o planejamento, monitoramento e avaliação dos desempenhos, as variáveis sociais e estruturais dos ambientes e aspectos psicológicos como a motivação. Sob o prisma sociocognitivo (BANDURA, 2005), compreendemos esses princípios a partir da autorregulação, constructo que tem sido amplamente explorado no domínio da aprendizagem musical (VARELA; ABRAMI; UPITIS, 2016; VELOSO; ARAÚJO, 2019; SOARES, 2021).

Quadro 1 – Os constructos metacognição e autorregulação

Metacognição	Autorregulação
Conhecimento e controle dos próprios processos cognitivos, mobilizados no monitoramento e regulação cognitiva. Está ligada à seleção, à administração e à aplicação consciente de estratégias em processos autorreflexivos.	Processos subjacentes ao direcionamento deliberado de pensamentos, sentimentos e ações para se atingir objetivos em domínios específicos. Envolve o engajamento cognitivo, metacognitivo, emocional, comportamental e motivacional.

Fonte: os autores, com base em Veloso e Araújo (2019, p. 146)

As aproximações entre a autorregulação e a metacognição têm sido amplamente exploradas pela literatura especializada, particularmente em estudos apoiados na sociocognição (VARELA; ABRAMI; UPITIS, 2016; EMÍLIO; POLYDORO, 2017; SOARES, 2021). Em Veloso (2022) — trabalho que deu origem ao presente capítulo —, é possível verificar resultados de um estudo empírico que aborda o processo compreendido pelo autor como regulação coletiva da aprendizagem da performance musical. Recomendamos ao leitor interessado que consulte o referido trabalho, uma vez que a análise aprofundada dos processos de autorregulação na prática musical em grupo extrapola as nossas pretensões para este texto.

Os conhecimentos metacognitivos revelam níveis de consciência das pessoas sobre o próprio funcionamento cognitivo, contemplando variáveis das (i) tarefas realizadas, das (ii) estratégias empregadas em uma determinada ação e da (iii) pessoa, tendo em vista elementos do *self* e os autoconceitos — isto é, a

> [...] forma como o sujeito se percebe, centrando-se em diferentes dimensões descritivas e avaliativas do próprio sujeito. Considera pontos de vista sobre diferentes domínios específicos da vida do indivíduo, como, por exemplo, acadêmico, físico, intelectual e relacional (BORUCHOVITCH; ALMEIDA; MIRANDA, 2017, p. 42).

São três os principais tipos de conhecimento que integram os processos metacognitivos, a saber: conhecimento declarativo (variáveis da pessoa), conhecimento procedimental (variáveis da estratégia) e conhecimento condicional (variáveis da tarefa).

> Inseridos no escopo teórico a respeito dos conhecimentos metacognitivos estão também os conhecimentos de tipo (a) declarativo (sobre) – conhecimento dos indivíduos a respeito do que sabem e das estratégias e recursos pessoais que dispõem; (b) procedimental (como) – consciência de como realizar determinada tarefa e quais estratégias e recursos deve-se empregar; (c) condicional (por quê e quando) – noção de quando, onde e por quais razões se deve utilizar determinadas estratégias de aprendizagem (BUSTOS, BRAVO e LEÓN, 2014). Segundo Ribeiro (2003), os conhecimentos metacognitivos são construídos gradualmente e em domínios específicos. Demandam, por parte dos aprendizes, um envolvimento ativo com a realização das tarefas e requer a reflexão consciente sobre componentes do *self*, tais como os atributos e estilo pessoal de aprendizagem (VELOSO, 2019, p. 67).

No Quadro 2 apresentado a seguir constam os principais componentes dos conhecimentos metacognitivos declarativos, condicionais e procedimentais.

Quadro 2 – Conhecimentos metacognitivos: tipos e variáveis

Fonte: Veloso e Araújo (2019, p. 147)

No que compete aos conhecimentos declarativos, destacam-se as variáveis universais (conhecimentos sobre a cognição humana), interindividuais (sobre o funcionamento cognitivo de outras pessoas) e intraindividuais (sobre o próprio funcionamento). No tocante aos conhecimentos condicionais, importa salientar as características, objetivos, funções, valor e exigências das tarefas de aprendizagem. Por fim, no que diz respeito aos conhecimentos procedimentais, são frisadas as naturezas cognitiva, metacognitiva e autorregulatória das estratégias de prática, tendo em mente que as estratégias cognitivas são exploradas para realizar os progressos cognitivos, ao passo que as estratégias metacognitivas são evocadas para monitorar e regular esses progressos (FLAVELL; MILLER; MILLER, 2002).

Método: um estudo de caso exploratório

O estudo de caso exploratório[6] foi desenvolvido em 2022 e consistiu na análise das praticas musicais de um quinteto de metais profissional que atua desde 2017 em Curitiba-PR. Para conservar a validade ecológica da investigação, a coleta dos dados contemplou o processo de preparação de

---

[6] A realização desta investigação foi acompanhada pelo Comitê de Ética em Pesquisa da Universidade Federal do Paraná — parecer de aprovação CEP/SC/UFPR n.º 4.585.033, de 11 de março de 2021; projeto inscrito sob o número CAAE 41065320.6.0000.0102.

um recital integrado a programação regular do grupo[7]. Para o levantamento das informações, foram realizadas observações sistemáticas (incluindo gravações de áudio e registros em um diário de campo) de dois ensaios semanais e duas entrevistas de grupo focal semiestruturadas, envolvendo interrogação direta, diálogos e recapitulação dirigida (procedimentos que favorecem os autorrelatos).

O conteúdo das entrevistas foi integralmente transcrito e organizado (juntamente com os registros do diário de campo) em um dossiê, visando a seleção e tratamento dos dados. Na sequência, foram aplicados procedimentos da análise de conteúdo, compreendendo a análise prévia e a exploração do material pré-analisado — a partir de técnicas como a análise categorial por proximidade semântica e a triangulação dos dados —, bem como a realização de interpretações e inferências (YIN, 2005; BARDIN, 2011).

Resultados: apresentação e discussão dos dados

O quinteto de metais aqui investigado iniciou os seus trabalhos em 2017 e se mantém em atividade desde então, realizando um ensaio semanal e recitais sazonais ao longo do ano. O conjunto é formado por músicos profissionais com considerável experiência acadêmica e artística, haja vista a extensa atuação enquanto musicistas (média de 31 anos de prática instrumental) e o fato de que todos possuem graduação e pós-graduação em Música. Em termos de prática profissional, todos exercem funções enquanto instrumentistas e/ou docentes no ensino técnico ou superior em Música.

---

[7] Repertório trabalhado – **ensaio 1**: "Go!", de Anthony DiLorenzo (obra 1), "Largo", da Sinfonia n.º 9 de A. Dvořák (obra 2), "Bachianas Brasileiras n.º 5", de H. Villa-Lobos (obra 3), "Spiritual Waltz", de Enrique Crespo (obra 4), "bRUMBA!", de James M. Stephenson (obra 5), "Fire Dance", de Anthony DiLorenzo (obra 6) e "The Knight of the Hill" (1º mov.), de Giancarlo C. D'addona (obra 7); **ensaio 2:** "Largo", da Sinfonia n.º 9, de A. Dvořák (obra 1), "Bachianas Brasileira n.º 5", de H. Villa-Lobos (obra 2) e "The Knight of the Hill" (1º mov.), de Giancarlo C. D'addona (obra 3).

Quadro 3 – Formação e atuação profissional dos membros do quinteto

Identificação dos músicos[8]	Tempo de prática no instrumento	Formação e atuação profissional em música
Trompetista 1 (masculino, entre 46-55 anos)	39 anos	Doutor em Música; atua profissionalmente em música de câmara e em outros contextos na área da Música (incluindo performance musical e a docência no ensino superior).
Trompetista 2 (masculino, entre 26-35 anos)	25 anos	Mestrando em Música; atua profissionalmente em música de câmara e em outros contextos de performance musical.
Trompista (masculino, entre 36-45 anos)	35 anos	Mestrando em Música; atua profissionalmente em música de câmara.
Trombonista/ Eufonista (masculino, entre 46-55 anos)	30 anos	Pós-graduado em Música (lato sensu – especialização); atua profissionalmente em música de câmara e em outros contextos de performance musical.
Tubista (masculino, entre 36-45 anos)	26 anos	Mestre em Música; atua profissionalmente em música de câmara e em outros contextos de performance musical (incluindo a docência no ensino superior).

Fonte: dados da pesquisa (2022)

Partindo das informações básicas de caracterização do perfil do grupo investigado, apresentaremos a seguir as análises e discussões dos dados com o foco nos três tipos de conhecimentos metacognitivos, quais sejam: declarativos, condicionais e procedimentais.

Evidências que sugerem a mobilização de conhecimentos metacognitivos declarativos (baseados em variáveis da pessoa) foram verificadas nas verbalizações realizadas pelos instrumentistas do quinteto durante as entrevistas. Relatos indicam a consciência acerca das idiossincrasias pessoais e do próprio funcionamento em processos relacionados à atenção, à percepção auditivo-musical e a interações sociomusicais, as quais são favorecidos por estratégias de autorregistro (anotação de autoinstruções nas partituras) — *"Eu busco a todo momento estar conectado, buscando a melodia.*

---

[8] Por questões éticas, na apresentação dos dados foram utilizados adjetivos relativos aos instrumentos (ex.: trompetista e eufonista) em substituição ao nome real dos participantes do estudo.

Eu tenho anotado na partitura ali: olhe pro trompetista um, [para o] trombonista, '[vá] devagar, mané' [risos no grupo]. Então, pra mim é muito importante [a comunicação e interação na performance]" (Tubista; entrevista 1).

Os conhecimentos declarativos podem ser verificados a partir de autoquestionamentos como: "De quais ferramentas eu disponho para realizar determinada tarefa?". Nesse sentido, o eufonista relatou em entrevista que, para a seleção do repertório, mobiliza os seus conhecimentos acerca dos estilos interpretativos e identidades sonoro-musicais dos colegas do quinteto — empreendimento cognitivo subjacente às variáveis interindividuais dos conhecimentos declarativos. Tais conhecimentos parecem colaborar para a manutenção do senso de unidade e da identidade artística do grupo.

Segundo o eufonista (membro responsável pela seleção de novas obras), os conhecimentos declarativos influem na tomada de decisão acerca das peças musicais a serem sugeridas para o grupo.

> *Esse negócio de escolher [o repertório] envolve a apreciação das peças, e quando eu ouço alguma coisa, estou ouvindo a peça X [por exemplo], eu imagino o som do trompista, no trompete o som do trompetista um, na tuba... [...] e aí eu já penso na sonoridade da pessoa em si tocando. Então, tem uma outra peça (que a gente vai começar agora) que tem o nosso trompetista brilhando na minha cabeça, na minha concepção, tem ele...* (Eufonista; entrevista 2).

A esse respeito, Portilho (2011) relaciona os conhecimentos declarativos com componentes dos conhecimentos condicionais, especialmente as características, objetivos e demandas das tarefas; nas palavras da autora:

> Ao conhecer-se cada vez um pouco mais, a pessoa abre possibilidades de analisar as exigências próprias da tarefa e relacioná-las com a realidade que se apresenta. Pode refletir sobre a informação, averiguar o objetivo da atividade que tem a realizar, observar o que existe de novidade e familiar e detectar os níveis de dificuldade, tornando-se assim autônoma diante de suas aprendizagens (PORTILHO, 2011, p. 116-117).

Nos dados coletados durante os ensaios, destacam-se percepções pertinentes às variáveis intraindividuais dos conhecimentos declarativos, com o foco no próprio funcionamento em termos de comportamento motor e desempenho cognitivo em contextos situacionais particulares — *"Meu cérebro está bugando hoje, e os dedos não estão vindo, parece..."* (Trompista; ensaio 1 – obra 4). Merecem destaque também as percepções compartilhadas sobre o funcionamento e desempenho do grupo como um todo — *"[...] já está entrando na mente..."* (Tubista; ensaio 1 – obra 4); *"Sim, estamos saindo do papel!"* (Trompetista 1; ensaio 1 – obra 4) —, as quais associam-se às variáveis interindividuais (JOU; SPERB, 2006).

Ainda sobre as percepções compartilhadas acerca do funcionamento do conjunto, dados da primeira entrevista corroboram à seguinte hipótese: na prática musical em grupo, os conhecimentos metacognitivos declarativos podem ser construídos coletivamente com base nas dinâmicas de interação e compartilhamento social do grupo (e não apenas no funcionamento de seus membros de forma individualizada), em processos marcados particularmente pelas variáveis universais e interindividuais (FLAVELL, 1979) — *"[...] por experiência, a gente sabe que com o uso do metrônomo, chega um momento que o próprio cérebro já começa a se confundir, já satura, você não sabe se está certo, se está errado..."* (Trompetista 1; entrevista 1); *"você começa a brigar com o metrônomo"* (Tubista; entrevista 1); *"[sim, e] a partir desse momento a gente desiste da obra, e vai para uma obra diferente, uma obra que não precise do metrônomo, porque vai cansando..."* (Trompetista 1; ensaio 1).

Os conhecimentos metacognitivos condicionais (variáveis da tarefa) se vinculam à natureza dos dados processados na realização de uma atividade específica, bem como as exigências da tarefa em termos de cognição e ação. Esses conhecimentos possibilitam a organização para a prática e a avaliação dos desempenhos apoiada nas particularidades das diferentes tarefas empreendidas em um domínio (FLAVELL; MILLER; MILLER, 2002). Dados relativos aos conhecimentos metacognitivos condicionais foram identificados particularmente nas verbalizações e diálogos durante as sessões de prática, os quais revelam o entendimento acerca das seguintes especificidades das atividades realizadas: dificuldades técnicas e interpretativas, demandas cognitivas (memorização e evocação) e exigências em termos de esforço físico (cansaço).

Ensaios 1 e 2 – verbalizações e diálogos:

Trompetista 1: <u>Você não precisa fazer força, parece que o trompete tá soando quase que sozinho [...], mas é difícil conseguir isso a todo momento, é preciso estar muito equilibrado; é fácil, pero no mucho</u>, precisa trabalhar muito. Na verdade, a gente sabe que isso é uma condição [...], <u>mas tem que ficar lembrando, precisa sempre ligar essa chavinha</u> [expressões de concordância no grupo]. (Trompetista 1; ensaio 1 – aquecimento).

Tubista: É porque cansa; ao mesmo tempo que é relaxado, é trabalhoso... a concentração tá ali. (Tubista; ensaio 1 – aquecimento).

[...]

Tubista: *Você acha que é mais piano?* (Tubista; ensaio 1 – obra 2).

Trompista: É mais piano e mais lento... (Trompista; ensaio 1 – obra 2).

Tubista: *Eu não tenho mais pra onde ir...* [em relação a dinâmica piano]. (Tubista; ensaio 1 – obra 2).

Trompista: *Mas acho que é a gente aqui* [que deve fazer mais piano]. (Trompista; ensaio 1 – obra 2).

Trompetista 2: *Se vocês baixarem mais* [a intensidade], *vocês quebram a gente...* [expressão de concordância do trompetista 1]. (Trompetista 2; ensaio 1 – obra 2).

Eufonista: *Ou é só a sensação que a gente tá tendo de que estamos tomando muito* [intensamente] *e já estamos piano.* (Eufonista; ensaio 1 – obra 2).

Trompetista 1: *Vamos fazer mais uma vez da capo, só esses quatro primeiros.* (Trompetista; ensaio 1 – obra 2).

[...]

Trompista: *Até descansado [a execução dessa música] cansa, né? Não é só porque emendamos da* [peça] *'Go!', não. Cansa porque cansa mesmo!* [Expressões de concordância no grupo]. (Trompista; ensaio 2 – obra 1).

Os dados aqui apresentados indicam o conhecimento, por parte dos músicos, acerca das demandas técnico-instrumentais — "[Difícil é] *dosar essa respiração*" (Trompetista 2; ensaio 2 – obra 1); "*Você não precisa fazer força, parece que o trompete tá soando quase que sozinho*" (Trompetista 1; ensaio 2 – aquecimento) —, interpretativo-musicais — "É mais piano e mais lento..." (Trompista; ensaio 1 – obra 2); "É, esse final é bem difícil, né?" (Trompetista 2; ensaio 2 – obra 1) —, físicas (motoras) e mentais das ações empreendidas durante os ensaios — "É porque cansa; ao mesmo tempo que é relaxado, é trabalhoso... a concentração tá ali" (Tubista; ensaio 1 – aquecimento).

As verbalizações e diálogos verificados durante os ensaios sugerem também que, em determinados momentos, os conhecimentos condicionais estiveram associados aos conhecimentos procedimentais (variáveis das estratégias), isto é, saberes mobilizados para a resolução de problemas na construção da performance — "*Na frase que eles fazem no compasso 22, a gente poderia respirar ali*" (Trompetista 1; ensaio 2 – obra 1). Achados de um estudo realizado por Veloso (2019) sugerem que, no processo de autorregulação da aprendizagem instrumental, os tipos de conhecimentos metacognitivos podem se apresentar de modo associado, conservando relações de reciprocidade.

Ensaios 2 – verbalizações, diálogos e registros de observação:

Registros do pesquisador: O trompetista um fez considerações a respeito da progressão de acordes cadenciais na obra 1. O grupo todo discute a estrutura da harmonia na cadência entre os compassos 20 e 21. (Registros de observação; ensaio 2).

Trompetista 1: *Vamos pegar do [compasso] 21?* [Expressões de concordância no grupo]. (Trompetista 1; ensaio 2 – obra 1).

Tubista: [Após nova execução:] [A gente] *fez igual, igual... não mudou nada.* (Tubista; ensaio 2 – obra 1).

Trompetista 2: É, *esse final é bem difícil, né?* (Trompetista 2; ensaio 2 – obra 1).

Trompista: É *tenso, né?* [Expressões de concordância no grupo]. (Trompista; ensaio 2 – obra 1).

Trompetista 1: *Mas está soando bonito!* [Expressões de concordância no grupo]. (Trompetista 1; ensaio 2 – obra 1).

Trompetista 2: [Difícil é] *dosar essa respiração.* (Trompetista 2; ensaio 2 – obra 1).

Trompetista 1: *Na frase que eles fazem no compasso 22, a gente poderia respirar ali.* (Trompetista 1; ensaio 2 – obra 1).

Registros do pesquisador: O trompetista um canta a passagem cadencial entre os compassos 21-22. Os trompetistas discutem o ponto ideal para a respiração. (Registros de observação; ensaio 2).

Trompetista 1: *Vamos tentar fazer isso? Vai ficar bom!* [Vamos] *do* [compasso] *21.* [Expressões de concordância no grupo] (Trompetista 1; ensaio 2 – obra 1).

A associação entre conhecimentos condicionais e conhecimentos procedimentais também foi verificada nos dados das entrevistas. Nesse sentido, o trompetista 1 explanou acerca das especificidades e desafios das tarefas de manutenção do repertório — *"nós entendemos aqui da dificuldade de se ligar e desligar uma chavinha de uma obra e outra [...] se isso não for feito toda semana, não vai acontecer do jeito que tem que acontecer"* (Trompetista 1; entrevista 1) —, bem como dos procedimentos empregados — *"Então é como um interruptor: se você começar a deixar essa obra de lado para ficar focado só em uma ou outra, você vai esquecendo de ligar e desligar aquela chavinha"* (Trompetista 1; entrevista 1).

Importa mencionar que as estratégias de preparação e manutenção do repertório descritas pelos membros do quinteto concentram-se, entre outros procedimentos, na constância da rotina de ensaios e na execução na íntegra e por partes (sob demanda) das obras do programa de concerto vigente (preferivelmente na sequência a ser apresentada no recital).

> [...] *nós entendemos aqui da dificuldade de se ligar e desligar uma chavinha de uma obra e outra. Então, é como um interruptor: se você começar a deixar essa obra de lado para ficar focado só em uma ou outra, você vai esquecendo de ligar e desligar aquela chavinha. São tantas conexões que precisam ser ligadas no momento da interpretação de uma obra como "Spiritual Waltz", por exemplo, onde existem rubatos a cada 10 / 15 segundos da música; se isso não for feito toda semana, não vai acontecer do jeito que tem que acontecer. Então a gente repete, repete, repete, e na semana que vem a gente vai fazer a mesma coisa: vai repetir a sequência toda trabalhando alguns elementos, e aí no final nós pegamos uma música nova, ou uma música que a gente quer relembrar, ou uma música que a gente vai gravar, daí a gente abre para um ambiente assim. Mas geralmente no começo do ensaio, essa primeira parte, é o recital todo* (Trompetista 1; entrevista 1).

O trompista, por sua vez, reforçou a exploração de estratégias de preparação e manutenção do repertório, descrevendo o uso dessas ferramentas como parte de um processo cíclico, replicado em novos ciclos de estudo — período de preparação deliberada de um programa com metas explícitas e tangíveis (a exemplo da realização de concertos ou gravações): *"E aí esse processo começa de novo, é cíclico, obra a obra, e essa obra, ela soma às outras. E aí provavelmente ela vai substituir alguma, porque a gente trabalho o nosso repertório sempre com uma hora, uma hora e pouquinho de recital; esse é sempre o foco. Então, a gente vai agregando..."* (Trompista; entrevista 1).

Outros elementos dos conhecimentos procedimentais (estratégias) foram observados nos dados coletados durante os ensaios, os quais estiveram relacionados com aspectos da prática musical em grupo — especificamente com as funções estabelecidas pelos instrumentistas e com as interações gestuais/visuais e sonoras realizadas durante a performance em conjunto (GOODMAN, 2002; KING, 2021). *"Nesse começo, a gente vai ter que grudar mais no trompetista 1, [pois requer] mais liderança, eu acho. Dessa vez a gente fez isso, e o ataque foi muito junto"* (Trompetista 2; ensaio 1 – obra 2); "É, eu liderei mais... Vamos fazer mais uma vez então? [expressões de concordância no grupo]" (Trompetista 1; ensaio 1 – obra 2).

Em complemento aos conhecimentos metacognitivos, merecem destaque as experiências metacognitivas — um conjunto de empreendimentos cognitivos caracterizados por percepções conscientes frequentemente associadas a respostas emocionais, a exemplo do sentimento de perplexidade diante da incompreensão ou da satisfatória sensação de realização em face da compreensão sobre algo (FLAVELL, 1979; FLAVELL; MILLER; MILLER, 2002).

Dentre os fenômenos inerentes às experiências metacognitivas, destacam-se: os autoquestionamentos/perguntar a si mesmo (FLAVELL, 1979); a autoexplicação verbalizada (ANDRETTA *et al.*, 2010); a verbalização das estratégias empregadas em determinada atividade e das autopercepções de desempenho (RIBEIRO, 2003); o fenômeno "ponta-da-língua" — "experiência de tentar se lembrar de algo que sabemos que está armazenado na memória, mas que não conseguimos acessar" (STERNBERG; STERNBERG, 2016, p. 496); os *insights* — compreensão "aparentemente súbita de um problema ou de uma estratégia que ajuda a solucionar um problema" (STERNBERG; STERNBERG, 2016, p. 496) — e a epifania, isto é, o entendimento repentino sobre aspectos de si mesmo, de outras pessoas ou de eventos particulares. Esses eventos metacognitivos "ocorrem em situações que estimulam o pensar cuidadoso e altamente consciente, fornecendo oportunidades para pensamentos e sentimentos acerca do próprio pensamento" (RIBEIRO, 2003, p. 111) e influenciando a autoavaliação, a identificação das dificuldades e a resolução de problemas.

Dados coletados na observação dos ensaios sugerem que as experiências metacognitivas vivenciadas pelos músicos durante a prática coletiva estão relacionadas especialmente com autoquestionamentos/pensar em voz alta — *"eu acho que o meu* [sol] *está baixo"* (Trompetista 1; ensaio 1 – aquecimento) — e com inferências avaliativas — *"Eu estava errando mesmo!"*; "[...]

é, agora ficou [bom]" [expressões de concordância no grupo]" (Trompetista 1; ensaio 1 – aquecimento); *"Foi! Agora foi. Agora está encaixando!"* (Trompetista 2; ensaio 2 – obra 3). Também foram observadas evidências acerca da verbalização dos insights, a exemplo do momento epifânico no qual o trompetista 1, após a execução de um trecho específico, dá-se conta da forma como os acentos (componentes da articulação e dinâmica na estruturação musical) são explorados do ponto de vista estrutural no diálogo entre as vozes em passagens contrapontísticas da obra um: "é por isso que é importante o acento... é o contrário deles [tubista e eufonista]! [...] é importante a dinâmica e os acentos aqui né? Para diferenciar as partes... [expressões de concordância no grupo]" (Trompetista 1; ensaio 1 – obra 1).

Ensaios 1 e 2 – verbalizações, diálogos e registros de observação:

Registros do pesquisador: Após as primeiras execuções, os membros do grupo dialogam sobre as dinâmicas e demais desafios da obra 1 (cantando passagens específicas para experimentar a acentuação desejada) e discutem a respeito do melhor ponto da obra para a retomada da execução, optando pelo compasso 42 da obra "Go!". O grupo então retoma a execução da obra. (Registros de observação; ensaio 1).

Trompetista 1: [Imediatamente após a execução:] *É por isso que é importante o acento... é o contrário deles [tubista e eufonista]!* (Trompetista 1; ensaio 1 – obra 1)

Trompetista 2: *Sim, é fora do que eles fazem.* (Trompetista 2; ensaio 1 – obra 1).

Trompetista 1: *É importante a dinâmica e os acentos aqui né? Para diferenciar as partes...* (Trompetista 1; ensaio 1 – obra 1).

Trompista: *É sim!* (Trompetista 1; ensaio 1 – obra 1).

[...]

Trompetista 2: [Após a execução da obra 7:] *O final ficou bonito, [já] o resto...* (Trompetista 2; ensaio 1 – obra 7).

Trompetista 1: *Ficou John Williams esse final, hem?* (Trompetista 1; ensaio 1 – obra 7).

Trompetista 2: *O [compasso] 122 não ficou tão junto, né?* (Trompetista 1; ensaio 1 – obra 7).

Trompetista 1: *Eu tô achando que no [compasso] 122 eu entrei um tempo depois...* (Trompetista 1; ensaio 1 – obra 7).

Registros do pesquisador: Nas interações verbais entre os instrumentistas, observa-se comentários difusos e sobrepostos sobre possíveis erros na execução da obra sete; o trombonista identificou um possível erro rítmico na execução do trompetista um, expondo a sua avaliação para todos. A execução foi retomada em um trecho específico (a partir do compasso 118). (Registros de observação; ensaio 1).

Trompetista 1: *Eu estava errando mesmo!* [Risos no grupo] (Trompetista 1; ensaio 1 – obra 7).

Registros do pesquisador: Observa-se novamente comentários difusos sobre a execução da obra sete. O grupo então executa novamente começando do compasso 118 [...]. (Registros de observação; ensaio 1).

Trompetista 1: *É, agora ficou [bom]! [Expressões de concordância no grupo]* (Trompetista 1; ensaio 1 – obra 7).

Adicionalmente, dados da primeira entrevista de grupo focal possibilitaram relacionar aspectos do estudo individual e do estudo coletivo na superação dos desafios da performance, com base na verbalização das estratégias empregadas e nas percepções pessoais (autojulgamento) de desempenho (RIBEIRO, 2003) — *"Então nós estudamos em casa, e quantas vezes a gente falou isso, essa frase aqui, né: 'poxa, mas eu estudo em casa e em casa dá tudo certo' [expressões de concordância no grupo]"* (Trompetista 1; entrevista 1).

O senso de realização coletiva também parece emergir de experiências metacognitivas, particularmente em situações nas quais, de modo epifânico, os músicos se deram conta de que haviam cumprido uma meta: a sustentação do andamento em uma obra com caráter rítmico bastante enérgico em um andamento relativamente rápido. Tal percepção associou-se ao senso de conquista e a experiências emocionais positivas — *"Isso aí foi uma conquista! A gente ficou super feliz! [Expressões de concordância no grupo]"* (Trompetista 1; entrevista 1).

> [...] *nós nos surpreendemos em um dos ensaios quando a gente parou e foi conferir no metrônomo: 'vamos ver onde a gente parou... pô, a gente está no tempo da música'. A gente terminou a obra no mesmo andamento que a gente começou. Isso aí foi uma conquista! A gente ficou super feliz!* [expressões de concordância no grupo] (Trompetista 1; entrevista 1).

A partir do exposto, foi possível compreender que os conhecimentos e as experiências metacognitivas integram as realizações empreendidas pelos músicos para o planejamento, o monitoramento e a avaliação processual do desempenho durante as sessões de prática instrumental coletiva.

Considerações finais

Neste trabalho, analisamos (por meio de um estudo de caso exploratório) a ocorrência de processos metacognitivos nas práticas musicais de um quinteto de metais. À luz do constructo da metacognição, compreendemos que a prática musical em grupo envolve a construção e a mobilização de conhecimentos metacognitivos. Assim, os dados do estudo empírico aqui apresentado suscitaram reflexões sobre as experiências metacognitivas e os conhecimentos metacognitivos declarativos, condicionais e procedimentais.

Os **conhecimentos declarativos (variáveis da pessoa)** verificados indicaram a consciência dos músicos acerca do próprio funcionamento em processos relacionados à atenção, à percepção auditivo-musical e a interações sociomusicais. Conhecimentos declarativos inerentes às variáveis interindividuais foram mobilizados na definição de critérios para a seleção do repertório — tarefa que demanda o conhecimento sobre os diferentes membros do conjunto —, nas percepções acerca dos desempenhos do grupo como um todo e na manutenção do senso de unidade do quinteto. Os dados sugeriram que, nas práticas do quinteto, os conhecimentos metacognitivos declarativos são construídos coletivamente com base nas dinâmicas de interação e compartilhamento social (e não apenas no funcionamento dos músicos de forma individualizada), em processos marcados por variáveis intra e interindividuais.

Sobre os **conhecimentos condicionais (variáveis da tarefa)**, os dados favoreceram o entendimento acerca das seguintes particularidades das atividades realizadas: exigências técnicas e interpretativas, demandas cognitivas (memorização e evocação) e exigências em termos de esforços físicos. Os **conhecimentos procedimentais (variáveis das estratégias)** foram identificados nas estratégias de resolução de problemas da preparação e manutenção do repertório (regularidade da prática; estudo por partes/na íntegra; simulação do recital), as quais foram exploradas de forma cíclica nas práticas do quinteto e em associação com os conhecimentos condicionais. A utilização estratégica das funções desempenhadas pelos músicos e das interações gestuais e sonoras na performance em grupo também esteve relacionada com conhecimentos procedimentais. De modo geral, verificou-se que os tipos de conhecimento metacognitivo — declarativo, condicional e procedimental — podem se apresentar de modo associado, conservando relações de reciprocidade.

Complementando os resultados sobre os conhecimentos metacognitivos, os dados do presente estudo sugeriram que as **experiências metacognitivas** durante a prática coletiva estão relacionadas especialmente com autoquestionamentos/pensar em voz alta e verbalização dos *insights*. Os achados permitiram relacionar aspectos do estudo individual e do estudo coletivo na superação dos desafios da performance, com base na verbalização das estratégias empregadas e nas percepções pessoais (autojulgamento) de desempenho. O senso de realização coletiva também emergiu de experiências metacognitivas, particularmente em situações nas quais, de modo epifânico, os músicos se deram conta de que haviam cumprido uma meta (a sustentação de um andamento relativamente rápido em uma obra com caráter rítmico enérgico); tal percepção associou-se ao senso de conquista e a experiências emocionais positivas.

Os achados aqui discutidos ampliam a compreensão acerca de como os processos metacognitivos influenciam a prática e a aprendizagem musical em contextos coletivos. Esperamos que as reflexões fruto desta pesquisa contribuam para o avanço das investigações e para a melhoria das práticas na seara do fazer musical em grupo, particularmente no contexto da música de câmara.

Referências

ANDRETTA, I. *et al.* Metacognição e aprendizagem: como se relacionam? *Psico*, [*s. l.*], v. 41, n. 1, p. 7-13, 2010.

BANDURA, A. The evolution of social cognitive theory. *In:* SMITH, K. G.; HITT, M. A. (ed.). *Great minds in management*: the process of theory development. Nova York: Oxford University Press, 2005. p. 9-35.

BARDIN, L. *Análise de conteúdo.* São Paulo: Edições 70, 2011.

BORUCHOVITCH, E.; ALMEIDA, L. S.; MIRANDA, L. C. Autorregulação da aprendizagem e psicologia positiva: criando contextos educativos eficazes e saudáveis. *In:* BORUCHOVITCH, E.; AZZI, R. G.; SOLIGO, Â. *Temas em psicologia educacional:* contribuições para a formação de professores. Campinas: Mercado de Letras, 2017. p. 37-60.

CONCINA, E. The role of metacognitive skills in music learning and performing: theoretical features and educational implications. *Frontiers in Psychology,* [*s. l.*], v. 10, p. 1-11, 2019. DOI: 10.3389/fpsyg.2019.01583.

EMÍLIO, E. R. V.; POLYDORO, S. A. J. Autorregulação da aprendizagem: fundamentos e implicações no contexto educativo. *In:* POLYDORO, S. A. J. (org.). *Promoção da autorregulação da aprendizagem:* contribuições da Teoria Social Cognitiva. Porto Alegre: Letra1, 2017. p. 19-32.

FERIGATO, A. M.; FREIRE, R. D. Análise de conteúdo no contexto da pesquisa em performance musical: a metacognição como objeto de análise. *Percepta,* [*s. l.*], v. 2, n. 2, p. 111-124, 2015.

FLAVELL, J. H. Metacognition and cognitive monitoring: a new area of cognitive-developmental inquiry. *American Psychologist,* [*s. l.*], v. 34, n. 10, p. 906-911, 1979. DOI: 10.1037/0003-066X.34.10.906.

FLAVELL, J. H.; MILLER, P. H.; MILLER, S. A. *Cognitive development.* 4. ed. Hoboken: Prentice Hall, 2002.

GOODMAN, E. Ensemble performance. *In:* RINK, J. (ed.). *Musical performance:* a guide to understanding. Cambridge: Cambridge University Press, 2002. p. 153-167. DOI: 10.1017/CBO9780511811739.012.

HADDON, E. Observational learning in the music masterclass. *British Journal of Music Education,* [*s. l.*], v. 31, n. 1, p. 55-68, 2013. DOI: 10.1017/s0265051713000223.

HALLAM, S. The development of metacognition in musicians: implications for education. *British Journal of Music Education,* [*s. l.*], v. 18, n. 1, p. 27-39, 2001.

JØRGENSEN, H.; HALLAM, S. Practicing. *In:* HALLAM, S.; CROSS, I.; THAUT, M. H. (ed.). *The Oxford handbook of music psychology.* 2. ed. Nova York: Oxford University Press, 2016. p. 449-462. DOI: 10.1093/oxfordhb/9780198722946.013.3.

JOU, G. I.; SPERB, T. M. A metacognição como estratégia reguladora da aprendizagem. *Psicologia:* Reflexão e Crítica, [*s. l.*], v. 19, n. 2, p. 177-185, 2006.

KING, E. Working with and in small groups. *In:* CREECH, A.; HODGES, D. A.; HALLAM, S. *Routledge international handbook of music psychology in education and the community.* Londres: Routledge, 2021. p. 320-334.

MCPHERSON, G. E.; ZIMMERMAN, B. J. Self-regulation of musical learning: a social cognitive perspective on developing performance skills. *In:* COLWELL, R.; WEBSTER, P. (ed.). *MENC handbook of research on music learning.* Nova York: Oxford University Press, 2011. v. 2, p. 130-175. DOI: 10.1093/acprof:osobl/9780199754397.003.0004.

PORTILHO, E. *Como se aprende?* Estratégias, estilos e metacognição. 2. ed. Rio de Janeiro: Wak, 2011.

POWER, A. M.; POWELL, S. J. Engaging young string players in metacognition. *International Journal of Music Education*, [s. l.], v. 36, n. 4, p. 659-670, 2018. DOI: 10.1177/0255761418771989.

RIBEIRO, C.. Metacognição: um apoio ao processo de aprendizagem. *Psicologia: Reflexão e Crítica*, [s. l.], v. 16, n. 1, p. 109-116, 2003.

SOARES, L.T. Aprendizagem musical autorregulada: uma revisão da literatura internacional. *Percepta*, [s. l.], v. 8, n. 2, p. 31-51, 2021.

STERNBERG, R. J.; STERNBERG, K. *Psicologia Cognitiva*. 2. ed. São Paulo: Cengage Learning, 2016.

VARELA, W.; ABRAMI, P. C.; UPITIS, R. Self-regulation and music learning: a systematic review. *Psychology of Music*, [s. l.], v. 44, n. 1, 2016, p. 55-74. DOI: 10.1177/0305735614554639.

VELOSO, F. D. D.; ARAÚJO, R. C.. A aprendizagem da performance musical na visão sociocognitiva: aportes da Abordagem Multidimensional da Autorregulação. *Opus*, [s. l.], v. 25, n. 3, p. 133-157, 2019a. DOI: 10.20504/opus2019c2507.

VELOSO, F. D. D. *Autorregulação da aprendizagem instrumental*: um estudo de caso com uma percussionista. 2019. 184f. Dissertação (Mestrado em Música) – Setor de Artes, Comunicação e Design, Universidade Federal do Paraná, Curitiba, 2019.

VELOSO, F. D. D. *A prática e a aprendizagem da performance musical em grupos de câmara: uma investigação sob a perspectiva sociocognitiva*. 2022. 316f. Tese (Doutorado em Música) – Setor de Artes, Comunicação e Design, Universidade Federal do Paraná, Curitiba, 2022.

YIN, R. K. *Estudo de caso*: planejamento e métodos. 3. ed. Porto Alegre: Bookman, 2005.

A EXPRESSÃO DE EMOÇÕES EM EXCERTOS EXECUTADOS POR PIANISTAS *EXPERTS* DO JAZZ BRASILEIRO: UM ESTUDO EXPERIMENTAL

Danilo Ramos
Thaís Souza Barzi de Caravalho

Estudos recentes demonstram que as emoções ou afetos podem ser alguns dos fatores mais significativos para determinar o que percebemos e o que lembramos (DOLAN, 2002). Uma vez que a música está fortemente associada à mudança de estados emocionais, o estudo de temas como a memória musical, por exemplo, pode fornecer evidências importantes sobre a natureza da atenção, memória e raciocínio humanos (SNYDER, 2016). Pesquisas também mostram que a música é intencionalmente utilizada por ouvintes para regular emoções com o propósito de satisfazer objetivos pessoais por meio de atividades musicais (SAARIKALLIO; ERKKILÄ, 2007). Ademais, Juslin e Sloboda (2010) destacam que o estudo das emoções desencadeadas pela música é central para auxiliar na compreensão dos processos criativos envolvidos na composição e na performance musical.

Pelo fato de que a música pode expressar emoções que são percebidas e reconhecidas por ouvintes, Juslin e Timmers (2010) apontam que para ocorrer a comunicação de emoções durante uma performance musical, é necessário tanto a intenção do intérprete de expressar uma emoção quanto o reconhecimento desta mesma emoção por parte do ouvinte. Nesse sentido, Lehmann, Sloboda e Woody (2007) afirmam que uma performance expressiva depende de nuances, que consistem em manipulações sutis, por vezes imperceptíveis, de parâmetros sonoros como ataques, duração, altura, volume e timbre para que a execução musical não seja meramente mecânica. Além de aspectos exclusivamente musicais, os autores relatam, ainda, que expressões faciais também são indicadores efetivos de emoção durante uma performance musical. Algumas dessas expressões são identificáveis transculturalmente e, juntamente com movimentos corporais, podem reforçar a comunicação de uma intenção emocional. Outras pistas visuais fornecidas pelo músico, como gestos ou postura corporal, também devem ser consideradas na comunicação de certas ideias expressivas em performances ao vivo (LEHMANN *et al.*, 2007).

Sobre a relação entre as respostas emocionais à música e a expressividade musical, Leech-Wilkinson (2013) argumenta que o papel da performance tem sido "desastrosamente subestimado" (LEECH-WILKINSON, 2013, p. 52)[9]. Ele enfatiza que, para se entender o poder emocional da música, "devemos considerar as experiências das performances, não o conteúdo das partituras" (LEECH-WILKINSON, 2013, p. 44)[10]. Neste contexto, pesquisas sobre expressividade emocional na performance e criação musical podem contribuir para o desenvolvimento de estratégias de aprendizado que visem um aprimoramento de habilidades musicais (JUSLIN; SLOBODA, 2010). O desenvolvimento dessas habilidades expressivas parece estar relacionado com as práticas exercidas por um indivíduo ao longo do tempo, em função de um repertório musical específico (LEHMMAN; GRUBER; KOPIEZ, 2006). Portanto, ao se considerar que a expressão de emoções musicais possa ser modulada por fatores relacionados ao contexto cultural, a linguagem musical em que compositor, intérprete e ouvinte estão inseridos deve ser levada em conta em pesquisas sobre esta temática. Para Lehmann *et al.* (2007), um músico que adquiriu sua *expertise* em um repertório musical de concerto europeu dispõe de habilidades expressivas específicas ao domínio desse tipo de repertório, enquanto um músico especialista em jazz norte-americano desenvolveu outras habilidades relevantes a seu estilo musical ao longo dos anos de prática.

Este capítulo tem como foco o estudo da expressão de emoções no contexto do jazz brasileiro. A diversidade de ritmos e gêneros brasileiros dificulta a busca por uma definição precisa para esse termo. Piedade (2005) define o jazz brasileiro como um gênero da música brasileira que possui como característica fundamental uma tensão com o jazz norte-americano e com a música popular brasileira (a MPB). Para o autor, trata-se de uma fricção de musicalidades. O autor se refere ao termo musicalidade como o campo ou espaço que torna possível um processo comunicativo na composição, performance e audição musical (PIEDADE, 2013). Segundo ele, a musicalidade é desenvolvida e transmitida culturalmente na própria comunidade em que o indivíduo está inserido.

Dessa forma, a musicalidade jazzística refere-se à sua internacionalidade e ao multiculturalidade (devido ao fato de englobar uma comunidade de pessoas de todo o mundo) e, por isso, permite o diálogo de músicos per-

---

[9] Do inglês: "[...] disastrously underestimated" (LEECH-WILKINSON, 2013, p. 52).

[10] Do inglês: "[...] we must consider experiences of performances, not the content of scores" (LEECH-WILKINSON, 2013, p. 44).

tencentes a diferentes culturas. Já a música instrumental brasileira, ao mesmo tempo em que é influenciada altamente por essa musicalidade jazzística comum a todo o planeta, busca incessantemente afastar-se da musicalidade norte-americana, por meio da articulação de uma musicalidade específica brasileira. Essa fricção é caracterizada na música brasileira como uma situação na qual as musicalidades dialogam, mas não se misturam, uma vez que as fronteiras músico-simbólicas não são atravessadas, mas são objetos de uma manipulação que reafirma essas diferenças.

Segundo Bastos e Piedade (2006), os temas utilizados na prática da música instrumental brasileira contemplam duas categorias de composições musicais: temas compostos especificamente para execução instrumental, como os casos de composições de Cesar Camargo Mariano, André Mehmari e Yamandu Costa e canções que são executadas em versões instrumentais e recebem tratamento jazzístico, no que diz respeito à forma e ao arranjo, mas que originalmente foram compostas como canções, como os arranjos do Zimbo Trio para "Garota de Ipanema", "Corcovado" e *Wave*", de Tom Jobim, que, apesar de serem canções, são executadas também em sua forma instrumental.

Em relação à *expertise* na prática do jazz brasileiro, Rodrigues (2006) destaca um conjunto de habilidades encontrado em pianistas renomados como André Mehmari, Antonio Adolfo, César Camargo Mariano, Claudio Dauelsberg, Egberto Gismonti, Hermeto Pascoal, Leandro Braga e Luiz Eça. Segundo ela, esses músicos apresentam habilidades em nível de excelência ao compor, arranjar, improvisar, interpretar e também ao unir elementos das raízes tanto rítmicas quanto melódicas brasileiras com elementos herdados do *jazz* e da música de concerto, em uma linguagem musical original e própria.

O entendimento dos processos cognitivos que envolvem a expressão de emoções na performance musical de pianistas *experts* no repertório do jazz brasileiro pode contribuir para o aprimoramento de estratégias de aprendizagem da expressividade musical, que podem levar estudantes de piano a performances de nível superior nesse tipo de repertório. Nesse sentido, o objetivo deste capítulo foi o de apresentar um estudo empírico realizado com o intuito de selecionar trechos musicais executados por pianistas *experts* no contexto do jazz brasileiro que possuem potencial para expressar emoções a seus ouvintes. Os procedimentos metodológicos empregados serão apresentados na sequência.

Metodologia

O método escolhido para a realização da presente pesquisa foi o experimental, tal como definido por Severino (2007, p. 123):

> A pesquisa experimental toma o próprio objeto em sua concretude como fonte e o coloca em condições técnicas de observação e manipulação experimental nas bancadas e pranchetas de um laboratório. Para tanto, o pesquisador seleciona determinadas variáveis e testa suas relações funcionais, utilizando formas de controle.

Em estudos envolvendo respostas emocionais à música, apesar de descrições fenomenológicas fornecerem pistas sobre possíveis causas de nossas emoções, é a experiência musical que precisa ser explicada. Nesse sentido, experimentos dessa natureza são essenciais para "provocar" os processos implícitos envolvidos em nossas respostas emocionais à música.

Participantes

Participaram voluntariamente do estudo 97 ouvintes com idades entre 15 e 67 anos (média 33 anos). O grupo de participantes consistiu em 71 mulheres (73,2%), 25 homens (25,8%) e uma (1) pessoa de gênero não binário (1%). Um participante declarou não possuir formação escolar completa, três participantes possuíam ensino fundamental completo, 22 participantes afirmaram ter como maior formação acadêmica o ensino médio completo, 47 participantes indicaram ter graduação em curso superior ou profissionalizante completa e 24 participantes possuíam uma pós-graduação completa. Dentre esses ouvintes, 91 afirmaram não possuir educação formal em música, cinco participantes atualmente cursam uma graduação em Música e dois haviam finalizado uma graduação em Música.

Equipamentos e material

A coleta de dados ocorreu por meio de um questionário online disponibilizado na plataforma Google Forms. A estação de trabalho de áudio digital Pro-Tools foi utilizada para cortar as músicas selecionadas, de forma que os trechos não ultrapassassem 40 segundos de duração. O software iMovie foi utilizado para realizar a conversão dos arquivos áudio (.wav) ao formato vídeo (.mp4), que foram hospedados na plataforma YouTube. Por conta de uma limitação técnica da plataforma Google Forms, que não permite a utilização de trechos em formato de áudio nos questionários, os trechos eram apresentados em formato de vídeo, com a apresentação de uma tela preta como imagem. Na etapa de análise de dados, foram utilizados os softwares Microsoft Excel para a tabulação de dados e o IBM SPSS Statistics para as análises estatísticas. Além disso, foi utilizado um questionário complementar, em que os participantes voluntários deveriam responder a questões a respeito de sua idade, gênero, hábitos de escuta, formação acadêmica em música e seu nível de treinamento musical, elaborado a partir do questionário Goldsmith Musical Sophistication Index (Gold-MSI), proposto por Müllensiefen, Gingras, Musil e Stewart (2014). A adaptação do questionário para a língua portuguesa foi validada por um estudo conduzido pelos pesquisadores Lima, Correia, Müllensiefen e Castro (2018).

Material musical

Foram selecionados 7 trechos musicais de aproximadamente 40 segundos de duração, executados por pianistas *experts* na prática do jazz brasileiro, que continham pistas acústicas relacionadas a cada uma das seguintes expressões emocionais: alegria, tristeza, tranquilidade e raiva. No total, foram apresentados 28 trechos (7 trechos *versus* 4 emoções) em ordem aleatória entre os participantes. Esses 28 trechos foram divididos em 4 lotes experimentais constituídos de 7 trechos musicais, totalizado aproximadamente 15 minutos de duração. A relação completa dos trechos musicais utilizados no pré-teste encontra-se na tabela a seguir. A coluna da expressão emocional diz respeito à categorização dos trechos, de acordo com as pistas acústicas empregadas pelo intérprete e sua categoria emocional correspondente:

Tabela 1 – Trechos de música instrumental brasileira selecionados como material musical

Expressão emocional	Título	Compositor	Intérprete
Alegria	Escorregando	Ernesto Nazareth (1923)	Hércules Gomes (2019)
	Água do Vintém	Chiquinha Gonzaga (1987)	Hércules Gomes (2018)
	Odeon	Ernesto Nazareth (1910)	Hércules Gomes (2013)
	Brejeiro	Ernesto Nazareth (1893)	Hércules Gomes (2015)
	Samambaia	César Camargo Mariano (1981)	César Camargo Mariano (1994)
	Cristal	César Camargo Mariano (1994)	César Camargo Mariano (2017)
	Atraente	Chiquinha Gonzaga (1877)	Maria Teresa Madeira (2017)
Raiva	Maracatu	Egberto Gismonti (1978)	Egberto Gismonti (2009)
	Coração	Marcelo Tupynambá e Ariovaldo Pires (1956)	Hércules Gomes (2022)
	Bebê	Hermeto Pascoal (1973)	Hermeto Pascoal (1994)
	Forrobodó	Egberto Gismonti (1988)	Egberto Gismonti (2018)
	Infância	Egberto Gismonti (1982)	Egberto Gismonti (s.d.)
	Frevo	Egberto Gismonti (1978)	Egberto Gismonti (2009)
	Baião Malandro	Egberto Gismonti (1977)	Egberto Gismonti (2009)
Tranquilidade	Dindi	Tom Jobim e Aloisio de Oliveira (1959)	Fábio Caramuru (2007)
	Palhaço	Egberto Gismonti (1980)	Egberto Gismonti (2015)
	Sabiá	Chico Buarque e Tom Jobim (1980)	Itamar Assiere (2022)
	Todo Sentimento	Chico Buarque de Holanda e Cristóvão Bastos (1987)	Cristovão Bastos (2016)
	Sete Aneis	Egberto Gismonti (1988)	Egberto Gismonti (2018)
	Gente Humilde	Garoto, V. de Moraes e Chico Buarque (1969)	Rogerio Koury (2018)
	Beatriz	Chico Buarque e Edu Lobo (1982)	André Mehmari (2010)
Tristeza	Luiza	Tom Jobim (1981)	Itamar Assiere (2021)
	Água e Vinho	Egberto Gismonti (1972)	Bianca Gismonti (2018)
	Retrato em Branco e Preto	Tom Jobim e Chico Buarque (1968)	Fábio Caramuru (2007)
	Modinha	Tom Jobim e V. de Moraes (1956)	Fábio Caramuru (2007)

Expressão emocional	Título	Compositor	Intérprete
	As Rosas Não Falam	Cartola (1974)	Gilson Peranzzetta (2011)
	Juízo Final	Nelson Cavaquinho e Élcio Soares (1973)	André Mehmari (2020)
	Insensatez	Tom Jobim e V. de Moraes (1961)	Itamar Assiere (2021)

Fonte: os autores

Uma síntese da abordagem dimensional das emoções musicais apresentada por Juslin e Timmers (2010) foi utilizada como parâmetro para seleção e classificação dos trechos em suas respectivas categorias emocionais, por meio da utilização de pistas acústicas. Tais relações entre pistas acústicas e emoções estão representadas na figura a seguir:

Figura 1 – Pistas acústicas utilizadas na comunicação de emoções na música

Fonte: adaptado de Juslin e Timmers (2010).

Vale destacar que, segundo Juslin (2019), a relação entre pistas acústicas e emoções são meramente correlacionais, ou seja, existe uma tendência de que elas ocorram concomitantemente. Por exemplo: durante uma performance, uma música ser tocada em andamento rápido aumenta a probabilidade de que a intenção do intérprete tenha sido a de expressar alegria, mas essa relação não é garantida.

Procedimentos

Os participantes foram convidados a participar do experimento de escuta online por meio de um formulário no Google Forms contendo o termo de consentimento livre e esclarecido[11], a tarefa experimental e um questionário complementar. O experimento permaneceu *online* por 11 dias, período necessário para que um número adequado de participantes fosse obtido. A tela inicial do experimento apresentava o termo de consentimento e instruções a respeito das condições ideais para a realização da atividade.

Em seguida, era apresentado ao participante o primeiro trecho musical a ser apreciado. Ao apertar o ícone "Próxima", aparecia, então, a tela referente à ativação dos mecanismos subjacentes, conforme o estudo de Juslin, Harmat e Eerola (2014). Após responder a essa questão, o ouvinte deveria descer a barra de rolagem para que aparecessem as questões referentes às escalas de intensidade das emoções musicais percebidas durante a atividade de escuta. Tanto as escalas das emoções quanto as questões referentes à ativação dos mecanismos utilizados no pré-teste formam o instrumento de medida chamado Grumec-Scale[12], uma versão adaptada do MEC-Scale de Juslin *et al.* (2014) para o idioma português.

Em seguida, os participantes deveriam responder às questões referentes às medidas complementares de nível de atividade fisiológica (*arousal*) e valência, também apresentadas em escalas de intensidade do tipo *Likert* com alcance de 0 a 10. Ao finalizar as questões relacionadas ao primeiro

---

[11] Parecer consubstanciado para experimentos que envolvem a mensuração de emoções desencadeadas pela música CEP/UFPR n.º 163.588. No intuito de atender às normas do Conselho Nacional de Ética e Pesquisa envolvendo seres humanos (Conep), nenhum participante foi identificado e suas respostas foram utilizadas apenas para fins de pesquisa.

[12] O instrumento de medida Grumec-Scale diz respeito a uma versão adaptada e empiricamente testada da MEC-Scale de Juslin *et al.* (2014) para o idioma português, conduzido pelo Grupo de Pesquisa Música e Expertise, da Universidade Federal do Paraná (UFPR). Para este capítulo, foram levadas em conta apenas as respostas emocionais dos participantes referentes às emoções alegria, tristeza, tranquilidade e raiva, emoções essas relacionadas às pistas acústicas sugeridas na Figura 1. Maiores detalhes sobre as medidas relacionadas à ativação de mecanismos subjacentes à escuta, bem como as medidas de *arousal* e valência podem ser encontrados em Juslin (2019).

trecho musical, os participantes seguiam para a escuta do segundo trecho e, então, respondiam as mesmas questões, procedendo, assim, para os demais trechos do experimento. Após o preenchimento das respostas referentes ao sétimo e último trecho musical apreciado, os participantes respondiam a questões complementares sobre idade, gênero, procedência, saúde auditiva, hábitos de escuta, preferências e atividades musicais, formação acadêmica e se tiveram algum problema durante a realização do experimento. O experimento durava, em média, 20 minutos.

Análise de dados

Os resultados foram analisados por meio do uso do teste estatístico Anova (análise de variância) de medidas repetidas, a partir do delineamento experimental 7 (trechos) *versus* 4 (expressão emocional). Trata-se de um teste estatístico que consiste em se mensurar respostas de um grupo de participantes em todas as condições nas quais o experimento se propõe a comparar (DANCEY; REIDY, 2006).

De acordo com Juslin e Lindström (2010), existe a influência de vários fatores estruturais na expressão emocional, bem como interações potenciais entre diferentes fatores (por exemplo, a altura, ritmo ou progressão tonal). Os autores afirmam, ainda, que essa "interação" tem um significado particular nas estatísticas: não apenas que os efeitos das características operam simultaneamente, mas que seus resultados são não aditivos, ou seja, seu efeito combinado não é uma simples soma de seus efeitos individuais. Nesse caso, a interação significa que o efeito de uma característica depende do valor de outra característica. Estatisticamente, a presença de uma interação pode ser testada por meio da análise de variância (JUSLIN; LINDSTRÖM, 2010). Para isso, foi executada uma análise de variância para cada trecho, de forma a se comparar as médias de respostas dos ouvintes para cada uma das emoções investigadas. Os testes estatísticos foram conduzidos na plataforma *IBM SPSS Statistics*.

Resultados

A tabela a seguir apresenta os trechos musicais mais significativos de cada expressão emocional selecionados por meio dos testes estatísticos aplicados sobre as respostas fornecidas a cada trecho musical pelos ouvintes voluntários:

Tabela 2 – Trechos musicais mais significativos de cada expressão emocional

		Trechos selecionados			Médias obtidas			Valores de F
	Título	**Compositor**	**Intérprete**	**Alegria**	**Tristeza**	**Tranquili-dade**	**Raiva**	
Alegria	Brejeiro	Ernesto Nazareth (1923)	Hércules Gomes (2015)	9,0*	0,08 ($p<0,001$)	4,21 ($p<0,001$)	0,08 ($p<0,001$)	F=135
	Odeon	Ernesto Nazareth (1923)	Hércules Gomes (2013)	8,78*	0,61 ($p<0,001$)	3,22 ($p<0,001$)	0,65 ($p<0,001$)	F=91
	Escorre-gando	Ernesto Nazareth (1910)	Hércules Gomes (2019)	8,64*	0,52 ($p<0,001$)	4,68 ($p<0,001$)	0,52 ($p<0,001$)	F=79
Tristeza	Juízo Final	Nelson Cavaquinho e Élcio Soares (1973)	André Mehmari (2020)	1,83 ($p<0,001$)	7,34*	5,00 ($p=0,006$)	1,09 ($p<0,001$)	F=40
	Água e Vinho	Egberto Gismonti (1972)	Bianca Gismonti (2018)	1,64 ($p<0,001$)	6,92*	4,16 ($p=0,015$)	2,32 ($p<0,001$)	F=15
	Retrato em Branco e Preto	Tom Jobim e Chico Buarque (1968)	Fábio Caramuru (2007)	2,13 ($p<0,001$)	7,20	5,25 ($p=0,138$)	2,04 ($p<0,001$)	F=20

Trechos selecionados			Médias obtidas				Valores de F
Título	Compositor	Intérprete	Alegria	Tristeza	Tranquilidade	Raiva	
Palhaço	Egberto Gismonti (1980)	Egberto Gismonti (2015)	5,04 ($p<0,001$)	4,40 ($p<0,001$)	7,92*	0,28 ($p<0,001$)	F=44
Gente Humilde	Garoto, V. de Moraes e Chico Buarque (1969)	Rogerio Koury (2018)	3,46 ($p<0,001$)	4,46 ($p=0,012$)	7,04*	0,29 ($p<0,001$)	F=29
Sete Anéis	Egberto Gismonti (1988)	Egberto Gismonti (2018)	3,29 ($p<0,001$)	5,46 ($p=0,5$)	6,79	1,38 ($p<0,001$)	F=15
Baião Malandro	Egberto Gismonti (1977)	Egberto Gismonti (2009)	4,36 ($p=0,06$)	2,48 ($p<0,001$)	0,28 ($p<0,001$)	6,72	F=27
Forrobodó	Egberto Gismonti (1988)	Egberto Gismonti (2018)	4,17 ($p=1,0$)	1,04 ($p<0,001$)	0,65 ($p<0,001$)	5,6	F=16
Infância	Egberto Gismonti (1982)	Egberto Gismonti (s.d.)	2,70 ($p=0,08$)	3,00 ($p<0,001$)	1,04 ($p=0,1$)	4,78	F=8

Tranquilidade

Nota: * $p \leq 0,05$

Fonte: os autores

A primeira coluna diz respeito à categorização dos trechos por grupos, de acordo com a expressão emocional correspondente. Em seguida, a coluna dos trechos selecionados indica quais os trechos mais significativos de suas respectivas categorias emocionais, bem como o compositor, ano de composição, intérprete e ano da performance. A coluna das médias obtidas apresenta as médias das respostas dos ouvintes sobre o quanto eles perceberam de cada emoção (em escalas de 0-10) para cada trecho, bem como os números de p obtidos durante as comparações em pares de emoções. Por exemplo: o trecho "Brejeiro", de Ernesto Nazareth, executado por Hércules Gomes, obteve como média entre todas as respostas dos ouvintes participantes do estudo para a emoção alegria o valor de 9,0, para tristeza o valor de 0,08, para tranquilidade o valor de 4,21 e para raiva o valor de 0,001. Como todos os valores de p obtidos para as comparações entre as respostas emocionais dos ouvintes para alegria e as outras três emoções trecho foram menores que 0,001, considerou-se que esse trecho musical foi o que mais expressava a emoção alegria. O mesmo tipo de análise foi feito para todos os outros trechos. Por fim, a última coluna apresenta o valor de F para cada trecho analisado. Esse valor diz respeito ao tamanho do efeito que a variável emoção teve nas medidas encontradas para o trecho em questão.

Para a eleição dos trechos mais representativos de cada emoção, primeiramente, utilizou-se como parâmetro as diferenças estatísticas significativas encontradas entre as médias das respostas para a emoção-alvo (emoção específica que foi expressa tomando como parâmetro as pistas acústicas empregadas pelo intérprete), em relação às demais categorias expressivas. Além das médias, outro parâmetro utilizado para seleção do material musical foram os valores de F encontrados, ou seja, o tamanho do efeito que a variável tem.

Discussão

A presente pesquisa teve como objetivo selecionar trechos musicais executados por pianistas *experts* no contexto do jazz brasileiro que possuem potencial para expressar as emoções alegria, tristeza, tranquilidade e raiva a seus ouvintes. Para isso, foi realizado um estudo experimental em que 97 ouvintes voluntários avaliaram as emoções que perceberam durante a escuta de trechos musicais em formato de áudio contendo pistas acústicas (modo, andamento, dinâmica etc.) relacionadas à expressão das emoções alegria, tristeza, tranquilidade ou raiva[13]. Os três excertos mais significativos de cada expressão emocional foram eleitos. Eles poderão ser selecionados para qualquer estudo futuro sobre respostas emocionais à música.

Os resultados corroboram estudos de Sloboda (1983), que descobriu que performers com várias décadas de experiência performática mostram superioridade distinta na consistência e eficácia da expressão de categorias emocionais, que, por sua vez, podem ser reconhecidas por ouvintes. Tais habilidades parecem fazer parte do que compõe uma performance musical, que normalmente é compreendida como uma síntese de habilidades técnicas e expressivas (SLOBODA, 1996; MCPHERSON; GABRIELSSON, 2002). Entretanto, em relação ao ensino de instrumentos musicais, os aspectos técnicos são geralmente considerados como "aprendíveis", enquanto os aspectos expressivos são considerados como sendo de caráter meramente intuitivo. Nesse contexto, muitos professores costumam conceber a expressividade como algo que não pode ser ensinado, uma visão que é compartilhada por alguns estudantes: "Não há técnica para que você toque de forma expressiva. Para isso, é necessário que você utilize a sua alma" (WOODY, 2000, p. 21)[14]. Assim, Juslin *et al.* (2004) afirmam que mitos sobre expressividade como esse podem ter tido um impacto negativo no ensino de habilidades expressivas no campo da pedagogia de instrumentos musicais, como crenças de que a expressividade seja algo completamente subjetivo e que não possa ser estudado objetivamente.

Outra crença comum de ser reproduzida sobre essa questão é a de que o musicista deve sentir uma emoção para que possa expressá-la a seus ouvintes, pensamento consistente com a noção romântica de arte em que artistas são consideradas pessoas que possuem dons misteriosos (JUSLIN *et al.*, 2004). Outros mitos apresentados pelos autores como sendo consistentes ao longo da história da música, independentemente do estilo musical, resumem-se em acreditar que emoções expressas na música são muito diferentes das emoções cotidianas ou, então, crenças sugerindo que o conhecimento explícito não traz benefícios para o aprendizado da expressividade musical. Por fim, é comum acreditar que a prática de habilidades expressivas não pode ser incorporada ao ensino da música (JUSLIN *et al.*, 2004).

Contudo, estudos que abordaram essa questão empiricamente demonstraram que habilidades expressivas no campo da performance musical

---

[13] Para se diferenciar as emoções mensuradas neste estudo com as mesmas emoções mensuradas na literatura científica, as primeiras serão apresentadas em letras maiúsculas na discussão dos dados (exemplo: alegria), enquanto as últimas serão apresentadas em letras minúsculas (exemplo: alegria/empolgação etc.).

[14] Do inglês: "There is no technique to perform expressively. You have to use your soul" (WOODY, 2000, p. 21).

podem ser aperfeiçoadas por meio do ensino e do treinamento (MAR-CHAN6-D, 1975; JOHNSON, 1998; WOODY, 1999; JUSLIN; LAUKKA, 2000; SLOBODA; MINASSIAM; GAYFORD, 2003; JUSLIN *et al.,* 2004; JUSLIN; TIMMERS, 2010). A noção de que o aprendizado de habilidades expressivas não deve perpassar pensamentos conscientes reflete um mal--entendido que permeia o ensino do instrumento no contexto do senso comum baseado na tradição e no folclore. Woody (1999) observou que a instrução explícita é benéfica para a expressividade do aprendizado. Segundo o autor, "a abordagem mais eficaz para o desempenho expressivo envolve a identificação consciente e a implementação de características específicas" (WOODY, 1999, p. 339)[15].

Uma das estratégias mais comuns para ensinar habilidades expressivas é o uso de metáforas, que presumem que as emoções expressas na música são semelhantes às emoções do cotidiano (JUSLIN *et al.,* 2004). As metáforas são úteis, porque as emoções experienciadas em um contexto não musical podem ajudar a moldar as emoções musicalmente relevantes. Segundo os autores, as emoções musicais tocam profundamente não por serem tão diferentes das emoções do cotidiano, mas por serem semelhantes. O fato de que os estudantes de música encontram fontes extramusicais (tais como situações da vida) úteis para desenvolver a expressão sugere que as emoções expressas na música têm muito em comum com as emoções da vida cotidiana. Entretanto, o problema das metáforas é que elas dependem da experiência pessoal do intérprete com palavras e imagens. Por essa razão, as metáforas podem ser ambíguas, tanto como estratégia de aprendizagem para um intérprete quanto para o reconhecimento dessa expressividade por parte do ouvinte.

Segundo Sloboda (1996), ao contrário do desempenho técnico, a expressividade da performance não costuma ser sistematicamente ensinada ou adquirida por meio de manuais ou conjuntos de exercícios. O autor afirma que é possível observar dois processos em ação no desenvolvimento da capacidade de expressar emoções, em música. O primeiro diz respeito ao uso de modelos expressivos. Um exemplo disso seria um professor tocar alguma coisa e pedir ao estudante que imite a expressão. Tal processo também é destacado por autores como Juslin *et al.* (2004), que apontam o *feedback* cognitivo (CFB) como uma ferramenta que permite que o intérprete compare a sua forma de tocar um instrumento a um modelo "ideal"

---

[15] Do inglês: "The most effective approach for expressive performance involves conscious identification and implementation of specific expressive features" (WOODY, 1999, p. 339).

de execução para aprimorar sua expressividade durante a performance musical. Essa é uma característica presente no *feedback* informativo propriamente dito, definido como "o processo por meio do qual um ambiente retorna aos indivíduos uma porção da informação em sua resposta, sendo ela necessária para comparar sua estratégia atual com a representação de uma estratégia ideal" (BALZER; DOHERTY; CONNOR, 1989, p. 412). O *feedback* e a modificação de esforços em resposta a esse *feedback* também são destacados por Ericsson e Pool (2016) como essenciais para o desenvolvimento da *expertise*, já que são partes integrantes das características que devem compor a prática do músico ao longo de sua vida.

Um conceito similar ao CFB aparece no campo da educação musical, processo esse chamado de modelagem auditiva. Segundo Freitas (2013), a modelagem auditiva requer que o estudante aprenda a partir da imitação de interpretações, sejam elas de seu próprio professor ou de outro intérprete. Além da utilização da imitação no processo inicial de aprendizagem, em estágios posteriores de desenvolvimento, os intérpretes procuram as apresentações de outros músicos para fins de análise e comparação. A modelagem pressupõe que existem correlatos acústicos objetivos de expressividade, que podem ser facilmente aprendidos e empregados em apresentações musicais. Os julgamentos de expressividade dos ouvintes, portanto, podem ser sistematicamente e confiavelmente relacionados a tais correlatos acústicos, assim como proposto por Juslin *et al.* (2004).

Esse processo de aquisição de habilidades expressivas, contudo, denota diferentes atividades para diferentes estilos musicais e sub habilidades. Por exemplo, para músicos de concerto, uma grande parcela do treino envolve prática solitária, estudo da técnica instrumental e aquisição de repertório, auxiliado por visitas mais ou menos regulares a um professor (LEHMMAN; GRUBER; KOPIEZ, 2006). Contudo, para músicos de jazz, além da prática solitária, uma parte substancial da prática envolve a prática em conjunto com outros músicos. Participar de *jam sessions*, ouvir outros tocarem e copiar performances gravadas de músicos famosos são atividades que auxiliam no desenvolvimento de suas performances (GRUBER; DEGNER; LEHMANN, 2004; NIELSEN, 2015). Segundo Ramos (2021), os pianistas de jazz brasileiro parecem desenvolver uma expertise musical relacionada a altas habilidades de improvisação, amplo domínio do idioma de cifragem, desenvolvimento de ouvido harmônico, práticas deliberadas em grupo, com foco na improvisação da peça a ser executada, entre outras. Segundo o autor, uma das particularidades envolvidas no processo de desenvolvimento da expertise por parte dos músicos que escolhem este estilo para se expressarem musicalmente diz respeito à rítmica, dada a ampla variedade de estilos e gêneros musicais brasileiros que se caracterizam pela presença da síncopa em suas respectivas linguagens.

Sobre isso, Andrade (1972, p. 23) aponta que a performance musical no Brasil seria influenciada principalmente pela maneira de acentuar as palavras na fala, cujos "valores prosódicos transfiguram a melodia". Segundo Ulhôa (1999), na música brasileira ocorreria um conflito entre o processo de concepção rítmica europeia tradicional, que buscaria a simultaneidade de um tempo linear, e a concepção de um tempo circular ameríndio e africano. A autora afirma que o brasileiro fez desta ambivalência "um elemento de expressão musical" (ULHÔA, 1999, p. 32). Esse aspecto rítmico, chamado por Ulhôa (1999) de "métrica derramada", distingue o estilo brasileiro da performance de vários outros gêneros musicais. Dessa forma, essas informações rítmicas fazem parte da expressividade particular do jazz brasileiro e, consequentemente, influenciam a maneira como um ouvinte percebe e aprecia essa música. A partir desses elementos e de suas combinações, os processos perceptivos, cognitivos e motores envolvidos nesse tipo de linguagem musical (ou "sotaque musical") podem induzir respostas emocionais diferenciadas em ouvintes.

Em estudos conduzidos por Gundlach (1935) e Gabrielsson e Lindström (2010), verificou-se que o andamento é o fator que mais influencia a expressão emocional da música, seguido pelo ritmo, sequência de intervalos, variedade de textura orquestral, intensidade, tonalidade e contorno melódico. Essa forte influência do ritmo na percepção de emoções na linguagem do jazz brasileiro também foi observada na presente pesquisa. Os trechos "Escorregando", "Brejeiro" e "Odeon" corresponderam aos excertos musicais expressivos da emoção alegria. Esses trechos têm a rítmica como elemento proeminente que, portanto, exerceu uma forte influência na percepção emocional dos ouvintes durante o experimento.

Os resultados desta pesquisa ainda mostraram que, independentemente do trecho em questão, um ponto a ser destacado diz respeito à classificação das emoções investigadas. De acordo com Juslin (2013), a tristeza/melancolia, a alegria/empolgação e a raiva/irritação podem ser classificadas como emoções básicas. Segundo o autor, essas emoções básicas ou primárias correspondem a emoções cotidianas e vistas biologicamente como sendo mais necessárias para a manutenção da espécie humana do que outras, já que, sob uma perspectiva funcionalista, foram relevantes durante a avaliação de situações objetivas ao longo da evolução de nossa espécie. Juslin (2019) afirma, ainda, que emoções classificadas como sendo básicas geralmente são mais fáceis de serem expressas na música, se comparadas a outras emoções mais complexas.

Além disso, em uma revisão sistemática de investigações empíricas realizada por Gabrielsson e Juslin (2003), foi relatado que as respostas emocionais em que houve um maior consenso entre ouvintes foram os léxicos alegria/empolgação, tristeza/melancolia, raiva/irritação e calma/tranquilidade. Um nível menor de consenso foi observado em emoções complexas como a inveja, a pena, a crueldade, o erotismo e a devoção. Dessa forma, os resultados dos estudos apresentados pelos autores sugeriram que certas emoções consideradas básicas parecem ser mais fáceis de expressar em música do que outras.

Além do grupo de emoções classificadas como básicas ou primitivas, a emoção calma ou tranquilidade também foi selecionada para ser investigada no presente estudo. Os resultados apresentaram que foram encontradas diferenças estatísticas significativas nos trechos que foram selecionados para expressar essa emoção. A facilidade para expressar tranquilidade também foi destacada por Juslin (2019), que afirmou que a música demonstrou ser particularmente efetiva em evocar emoções como a calma. Uma possível explicação para essa observação é a de que a música é frequentemente usada como uma forma de regulação emocional, como estímulo redutor de estresse, por exemplo, o que resultaria em respostas emocionais associadas à calma e ao relaxamento em situações de escuta musical (GROSS, 2014). Outra característica dessa emoção é a de que ela está altamente correlacionada com a ternura na expressão musical (JUSLIN, 2019).

No caso da emoção raiva, as médias obtidas para a expressividade foram as mais baixas dentre todas as emoções investigadas no presente estudo. Isso pode estar relacionado à dificuldade em associar a música com emoções negativas, relato que corrobora resultados de pesquisas anteriores (JUSLIN; VÄSTFJÄLL, 2008; JUSLIN *et al.,* 2011). Além disso, esses resultados são similares aos encontrados no estudo de Juslin, Harmat e Eerola (2014), em que as médias das respostas dos ouvintes para a emoção raiva ou irritação também foram baixas. Outra possível justificativa para as médias baixas da percepção dessa emoção é a de que emoções básicas como a raiva podem variar em níveis de intensidade ao serem evocadas em situações cotidianas (JUSLIN, 2013). Por exemplo, uma resposta emocional pode variar de uma simples frustração ou irritação para raiva e até mesmo fúria, o que poderia explicar os escores baixos relatadas pelos ouvintes no presente estudo, já que ouvintes geralmente não associam músicas a emoções negativas. Ao se identificar um pianista tocando com um gestual corporal de raiva, seja em uma atividade meramente auditiva (imaginativa) ou audiovisual (em que o ouvinte enxerga esse gesto), não garante que o ouvinte perceba essa emoção, muito embora ele possa até compreender a intenção do gesto corporal de quem a executa. No caso da raiva, a apresentação de trechos em forma de vídeo também poderia auxiliar na percepção dessa emoção, já que a presente pesquisa empregou apenas atividades auditivas. Estudos futuros podem contribuir para a verificação dessa hipótese.

A tristeza foi a emoção que obteve a segunda maior média entre as emoções investigadas, perdendo apenas para a alegria. Ainda que resultados de pesquisas demonstrem uma tendência para que a música evoque predominantemente emoções positivas em que a aprecia (JUSLIN; VÄSTFJÄLL, 2008; JUSLIN *et al.,* 2011), existe ainda quem argumente que, apesar de pessoas sentirem tristeza na vida real, ouvintes aparentam achar a experiência da tristeza prazerosa em um contexto de escuta musical (JUSLIN, 2016). Uma possível explicação para esse fenômeno seria a de que certas emoções, classificadas como estéticas, estariam relacionadas a expressões artísticas em oposição às emoções cotidianas, ou seja, em contextos que não envolvem música ou obras de arte no geral (JUSLIN, 2013). Dessa forma, emoções evocadas por meio de uma atividade de escuta musical parecem não ser interpretadas da mesma forma que emoções do cotidiano, permitindo que ouvintes consigam diferenciá-la da tristeza ao perder um ente querido, por exemplo. Sendo assim, as médias altas obtidas para tristeza no presente estudo corroboram relatos de que essa é uma categoria emocional que se encontra no grupo de emoções mais comumente expressas na música (JUSLIN, 2019).

Considerações finais

No presente estudo, os participantes deveriam responder baseando-se apenas no que conseguiam extrair de informações auditivas durante a atividade de escuta. Contudo, sabe-se que componentes visuais (como gestos ou expressões faciais) podem auxiliar na precisão das intenções expressivas de músicos durante uma performance (DAVIDSON; CORREIA,

2002; DAVIDSON, 1993; LEHMANN *et al.*, 2007; VINES *et al.*, 2003). Dessa forma, a utilização de trechos em formato de vídeo também poderia auxiliar na percepção emocional dos ouvintes e, portanto, poderia trazer novas associações entre habilidades expressivas e nível de *expertise* musical em estudos futuros.

Durante a coleta de dados, foi solicitado que os ouvintes indicassem as emoções percebidas durante a atividade de escuta dos trechos musicais, mas não as emoções sentidas. Dessa forma, os participantes deveriam apenas identificar os níveis de intensidade das categorias emocionais que eles acreditavam que os intérpretes dos excertos apreciados estavam tentando expressar. Essa diferenciação, contudo, é bastante subjetiva. Juslin (2019) afirma, por exemplo, que a percepção de emoções como a tristeza e a raiva são frequentemente confundidas com emoções sentidas, o que torna a sua expressão difícil e confusa. Sendo assim, sugere-se a realização de estudos futuros que consigam isolar essas variáveis para diferenciar emoções sentidas ou apenas percebidas.

Ademais, além de medidas cognitivas, por meio de relatos verbais fornecidos pelos indivíduos durante ou após a escuta musical, sugere-se a coleta de medidas psicofisiológicas por meio de respostas emocionais durante uma atividade de escuta musical, por exemplo, que pode ser realizada envolvendo medidas galvânicas na pele, medição de batimentos cardíacos, eletroencefalograma, pressão arterial e até mesmo no diâmetro pupilar, entre outras técnicas. Pelo fato de a música modular processos psicofisiológicos, essas modulações podem ser observadas por meio de alterações significativas nesses parâmetros, acompanhadas de ativações em áreas encefálicas envolvidas no processamento de emoções, por exemplo.

Em relação aos participantes do estudo, sabe-se que características individuais como gênero, características fisiológicas, idade, estado psicológico (humor, atenção e nível de disposição, por exemplo), personalidade, experiência musical e estilos cognitivos e de aprendizagem impactam no envolvimento e nas abordagens para aprender, fazer e ouvir música. Sendo assim, uma forma de ampliar a compreensão da percepção emocional de ouvintes seria por meio de estudos futuros que realizem coletas de dados envolvendo um número maior de participantes. Esses estudos poderiam ter como objetivo investigar a influência das características individuais do ouvinte sobre a percepção emocional de trechos musicais de jazz brasileiro. Isso permitiria com que fossem feitas análises de dados divididas em diferentes subgrupos para a obtenção de resultados mais específicos de acordo com faixas de idade, gênero, hábitos de escuta e educação formal em música ou não, por exemplo.

Este estudo faz parte do projeto guarda-chuva do Grupo de Pesquisa Música e Expertise (Grume), intitulado "A psicologia da expertise do pianista popular brasileiro". Ao final de uma série de investigações empíricas, pretende-se obter um conhecimento científico que se permita elaborar as bases para uma pedagogia da performance voltada para a formação desse tipo de pianista.

Referências

ANDRADE, M. *Aspectos da Literatura Brasileira*. São Paulo: Editora Martins, 1972.

BASTOS, M. B.; PIEDADE, A. T. C. O desenvolvimento histórico da "música instrumental": o jazz brasileiro. *In:* CONGRESSO DA ASSOCIAÇÃO NACIONAL DE PESQUISA E PÓS-GRADUAÇÃO EM MÚSICA, 16., 2016. *Anais* [...]. Belo Horizonte, ANPPOM, 2016.

BALZER, W. K.; DOHERTY, M. E.; O'CONNOR, R. Effects of cognitive feedback on performance. *Psychological Bulletin*, [s. l.], v. 106, p. 410-433, 1989.

BOSHUIZEN, H. P. A.; SCHMIDT, H. G. On the role of biomedical knowledge in clinical reasoning by experts, intermediates and novices. *Cognitive Science*, [s. l.], v. 16, p. 153-184, 1992.

CHAFFIN, R.; IMREH, G.; CRAWFORD, M. *Practicing perfection*: memory and piano performance. Mahwah, NJ: Erlbaum, 2002.

DANCEY, C. P.; REIDY, J. *Estatística sem matemática para psicologia*: usando SPSS para Windows. Porto Alegre: Artmed, 2006.

DAVIDSON, J. Visual perception of performance manner in the movements of solo musicians. *Psychology of Music*, [s. l.], v. 21, p. 103-113, 1993.

DAVIDSON, J. W.; CORREIA, J. S. Body movement. *In:* PARNCUTT, R.; McPHERSON, G. E. (ed.). *The science and psychology of music performance*: creative strategies for teaching and learning. New York: Oxford University Press, 2002. p. 237-250.

DOLAN, R. J. Emotion, cognition and behavior. *Science*, [s. l.], v. 298, p. 1191-1194, 2002.

ERICSSON, K. A.; KRAMPE, R. T.; TESCH-ROMER, C. The role of deliberate practice in the acquisition of expert performance. *Psychological Review*, [s. l.], v. 100, p. 363-406, 1993.

ERICSSON, K. A.; POOL, R. *Peak*: secrets from the new science of expertise. New York: Houghton Mifflin Harcourt Publishing Company, 2016.

FREITAS, S. *Modelagem como estratégia para o desenvolvimento de recursos expressivos na performance pianística*: três estudos de caso. 2013. Tese (Doutorado em Música) – Universidade Federal do Rio Grande do Sul, Porto Alegre, 2013.

GABRIELSSON, A.; JUSLIN, P. N. Emotional expression in music. *In:* DAVIDSON, R. J.; SCHERER, K. R.; GOLDSMITH, H. H. (ed.). *Handbook of affective sciences*. New York: Oxford University Press, 2003. p. 503-534.

GABRIELSSON, A.; LINDSTRÖM, E. The role of structure in the musical expression of emotions. *In:* JUSLIN, P. N.; SLOBODA, J. A. (ed.). *Handbook of Music and Emotion*: Theory, research, applications. New York: Oxford University Press, 2010. p. 367-400.

GROSS, J. J. Emotion regulation: conceptual and empirical foundations. *In:* GROSS, J. J. (ed.). *Handbook of emotion regulation*. New York: Guildford, 2014. p. 3-20.

GRUBER, H.; DEGNER, S.; LEHMANN, A. C. Why do some commit themselves in deliberate practice for many years – and so many do not? Understanding the development of professionalism in music. *In:* RADOVAN, M.; DORDEVI, N. (ed.). *Current issues in adult learning and motivation*. Ljubljana: Slovenian Institute for Adult Education, 2004. p. 222-235.

GUNDLACH, R. H. Factors determining the characterization of musical phrases. *The American Journal of Psychology*, [s. l.], v. 47, p. 624-643, 1935.

JOHNSON, C. M. Effect of instruction in appropriate rubato usage on the onset timings and perceived musicianship of musical performances. *Journal of Research in Music Education*, [s. l.], v. 46, p. 436-445, 1998.

JUSLIN, P. N. *Musical emotions explained*: unlocking the secrets of musical affect. New York: Oxford University Press, 2019.

JUSLIN, P. N. From everyday emotions to aesthetic emotions: towards a unified theory of musical emotions. *Physics of Life Reviews*, [s. l.], v. 10, n. 3, p. 235-266, 2013.

JUSLIN, P. N. *et al.* Feedback-learning of musical expressivity. *In:* WILLIAMON, A. (ed.). *Musical excellence*: Strategies and techniques for enhancing performance. New York: Oxford University Press, 2004. p. 247-270.

JUSLIN, P. N.; HARMAT, L.; EEROLA, T. What makes music emotionally significant? Exploring the underlying mechanisms. *Psychology of Music*, [s. l.], v. 42, p. 599-623, 2014.

JUSLIN, P. N.; LAUKKA, P. Expression, perception, and induction of musical emotions: a review and a questionnaire study of everyday listening. *Journal of New Music Research*, [s. l.], v. 33, p. 217-238, 2004.

JUSLIN, P. N.; LAUKKA, P. Improving emotional communication in music performance through cognitive feedback. *Psychology of Music*, [s. l.], v. 31, p. 273-302, 2000.

JUSLIN, P. N. *et al.* Emotional reactions to music in a nationally representative sample of Swedish adults: Prevalence and causal influences. *Musicae Scientiae*, [s. l.], v. 15, p. 174-207, 2011.

JUSLIN, P. N.; LINDSTRÖM, E. Musical expression of emotions: Modeling listeners' judgments of composed and performed features. *Music Analysis*, [s. l.], v. 29, n. 1-3, p. 334-364, 2010.

JUSLIN, P. N.; SLOBODA, J. A. *Handbook of music and emotion*: theory, research, applications. New York: Oxford University Press, 2010.

JUSLIN, P. N.; TIMMERS, R. Expression and communication of emotion in music performance. *In:* JUSLIN, P. N.; SLOBODA, J. A. (ed.). *Handbook of music and emotion*: theory, research, and applications. New York: Oxford University Press, 2010. p. 453-489.

JUSLIN, P. N.; VÄSTFJÄLL, D. Emotional responses to music: the need to consider underlying mechanisms. *Behavioral and Brain Sciences*, [s. l.], v. 31, p. 559-621, 2008.

LEECH-WILKINSON, D. The emotional power of musical performance. *In:* COCHRANE, T.; FANTINI, B.; SCHERER, K. R. (ed.). *The emotional power of music.* Oxford: Oxford University Press, 2013. p. 41–54.

LEHMANN, A. C.; ERICSSON, K. A. Research on expert performance and deliberate practice: implications for the education of amateur musicians and music students. *Psychomusicology*, [s. l.], v. 16, p. 40-58, 1997.

LEHMANN, A. C.; GRUBER, H.; KOPIEZ, R. Expertise in music. *In:* ERICSSON, K. A. *et al.* (ed.). *The Cambridge Handbook of Expertise and Expert Performance*. Cambridge: Cambridge University Press, 2006. p. 535-549.

LEHMANN, A. C.; SLOBODA, J. A.; WOODY, R. H. *Psychology for musicians*: understanding and acquiring the skills. Oxford: Oxford University Press, 2007.

LIMA, C. F.; CORREIA, A. I.; MÜLLENSIEFEN, D.; CASTRO, S. L. Goldsmiths Musical Sophistication Index (Gold-MSI): Portuguese version and associations with socio-demographic factors, personality and music preferences. *Psychology of Music*, v. 48, n. 3, p. 376-388, 2018.

MARCHAND, D. J. A study of two approaches to developing expressive performance. *Journal of Research in Music Education*, [s. l.], v. 23, 14-22, 1975.

MCPHERSON, G.; GABRIELSSON, A. From sound to sign. *In:* PARNCUTT, R.; MCPHERSON, G. (ed.). *The science and psychology of music performance*: creative strategies for teaching and learning. New York: Oxford University Press, 2002. p. 99-116.

MÜLLENSIEFEN, D.; GINGRAS, B.; MUSIL, J.; STEWART, L. The musicality of non-musicians: an index for assessing musical sophistication in the general population. *PloS One*, [s. l.], v. 9, n. 6, p. 89642, 2014.

PIEDADE, A. T. C. Jazz, música brasileira e fricção de musicalidades. *In:* CONGRESSO DA ASSOCIAÇÃO NACIONAL DE PESQUISA E PÓS-GRADUAÇÃO EM MÚSICA, 15., 2005, Rio de Janeiro. *Anais* [...]. Rio de Janeiro, ANPPOM, 2005.

PIEDADE, A. T. C. A teoria das tópicas e a musicalidade brasileira: reflexões sobre a retoricidade na música. *El oído pensante,* [s. l.], v. 1, p. 1-23, 2013.

RAMOS, D. Creative strategies for learning Brazilian popular piano. *In:* ARAÚJO, R. C. (ed.). *Brazilian research on creativity development in musical interaction.* New York: Routledge, 2021. p. 64-97.

RODRIGUES, K. D. *Música popular instrumental brasileira (1970 - 2005)*: uma abordagem subsidiada pelo estudo da vida e obra de oito pianistas. 2006. Dissertação (Mestrado em Música) – Universidade Federal do Rio de Janeiro, Rio de Janeiro, 2006.

RUSSELL, J. A. A Circumplex Model of Affect. *Journal of Personality and Social Psychology*, [s. l.], v. 39, n. 6, p. 1161-1178, 1980.

SAARIKALLIO, S.; ERKKILÄ, J. The role of music in adolescents' mood regulation. *Psychology of Music*, [s. l.], v. 35, p. 88-109, 2007.

SLOBODA, J. A. The communication of musical metre in piano performance. *The Quarterly Journal of Experimental Psychology A*: Human Experimental Psychology, v. 35, n. 2, p. 377-396, 1983.

SLOBODA, J. A. The acquisition of musical performance expertise: deconstructing the "talent" account of individual differences in musical expressivity. *In:* ERICS-

SON, K. A. (ed.). *The road to excellence*: The acquisition of expert performance in the arts and sciences, sports, and games. Mahwah, New Jersey: Lawrence Erlbaum Associates, 1996. p. 107-126.

SLOBODA, J. A.; MINASSIAM, C.; GAYFORD, C. Assisting advanced musicians to enhance their expressivity — An intervention study. *In:* KOPIEZ, R. *et al.* (ed.). *Proceedings of the Fifth Triennial ESCOM Conference*. Hanover, Germany: Hanover University of Music and Drama, 2003. p. 92.

SNYDER, B. Memory for music. *In:* HALLAM, S.; CROSS, I.; THAUT, M. (ed.). *The Oxford Handbook of Music Psychology*. New York: Oxford University Press, 2016. p. 167-180.

ULHÔA, M. T. Métrica Derramada: prosódia musical na Canção Brasileira Popular. *Brasiliana*, [*s. l.*], v. 2, p. 48-56, 1999.

VINES, B. *et al.* Performance gestures of musicians: what structural and emotional information do they convey? *In:* CAMURRI A.; VOLPE, G. (ed.). *Gesture-Based Communication in Human-Computer Interaction*. Berlin, Heidelberg: Springer Verlag, 2003. p. 468-478.

VUILLEUMIER, P.; TROST, W. Music and emotions: from enchantment to entrainment. *In:* NEW YORK ACADEMY OF SCIENCES, THE NEUROSCIEN-CES AND MUSIC, 5., 2015, New York. *Annals* [...]. New York: New York Academy of Sciences, 2015.

WOODY, R. H. The relationship between explicit planning and expressive performance of dynamic variations in an aural modeling task. *Journal of Research in Music Education*, [*s. l.*], v. 47, p. 331-342, 1999.

ENSINO DE FLAUTA DOCE CONSIDERANDO A PRÁTICA DE GRADUANDOS EM MÚSICA SOB A PERSPECTIVA DAS TEORIAS DO FLUXO E AUTORREGULAÇÃO

Tatiane Wiese Mathias
Rosane Cardoso de Araújo
Anderson Toni

No século XX, a flauta doce tem caminhado numa dualidade que é reconhecida por diversos autores, isto é, tanto é instrumento artístico quanto de iniciação musical (PAOLIELLO, 2007). Porém, conforme afirma Southcott (2016), parece haver uma distância entre essas duas realidades da flauta doce. Neste sentido, Paoliello (2007, p. 33) esclarece que "a melhoria do ensino do instrumento poderia aproximar essas duas funções, podendo tornar-se uma complementar à outra". A preocupação com o ensino de flauta doce e a formação de professores é uma discussão comum nos estudos de vários autores, tanto da literatura internacional quanto nacional, por exemplo, em Hadley (1971), Pascoe (1991), Williams (2005) e Mongiardino (2018). Também no contexto brasileiro são encontradas teses e dissertações que discorrem sobre a importância da formação de professores de flauta doce: Carvalho (2010), Souza (2011), Weichselbaum (2013), Coelho (2016), Ivo (2017) e Anders (2019).

Contribuindo com a pesquisa sobre a prática e ensino da flauta doce, este capítulo busca ampliar as áreas de interface ao abordar temas relacionados com a motivação na pesquisa sobre psicologia da música/cognição musical. Portanto, este capítulo traz como objetivo investigar a prática e o estudo da flauta doce nas experiências de estudantes do ensino superior em música sob a perspectiva da autorregulação e da experiência de fluxo. O presente texto considera parte dos resultados quantitativos e discussões de uma pesquisa mais ampla conduzida por Mathias (2022). A hipótese da pesquisa era de que "flautistas que possuem processos de autorregulação mais desenvolvidos têm maiores condições de vivenciar o fluxo e consequentemente podem ter maior engajamento e motivação em suas práticas, alcançando melhores resultados" (MATHIAS, 2022, p. 23).

Fundamentação teórica

Este capítulo tem como alicerce teórico a autorregulação e a teoria do fluxo. Os estudos da autorregulação fazem parte da Teoria Social Cognitiva, de Albert Bandura, que busca explicar o comportamento humano por meio do conceito de agência humana. Bandura (2008, p. 15) afirma: "ser agente significa influenciar o próprio funcionamento e as circunstâncias de vida de modo intencional". Nesse sentido, a autorregulação é definida por esse autor como: "[...] um fenômeno multifacetado que opera por meio de vários processos cognitivos subsidiários, incluindo automonitoramento, estabelecimento de padrões, julgamento avaliativo, autoavaliação e auto-reação afetiva" (BANDURA, 1991, p. 282).

De acordo com Bandura (1991), a autorregulação ocorre por meio de um modelo que inclui três etapas: auto-observação, autoavaliação e autorreação. A partir de Bandura, outros autores como Pintrich e Schunk (1996), Zimmerman (2002) e Rosário *et al.* (2004) estudaram a autorregulação considerando o contexto educacional. Para Bandura, a autorregulação no contexto educacional é um processo relevante: "o maior propósito da educação é equipar estudantes com as ferramentas intelectuais e capacidades autorregulatórias para que se eduquem ao longo da vida" (BANDURA, 2017, p. 64). Na área da música, a autorregulação tem sido utilizada para guiar vários estudos, uma vez que, para o músico, esse processo é relativo "à regulação dos próprios comportamentos, sentimentos, pensamentos e motivações" (ARAÚJO; VELOSO; SILVA, 2019, p. 19).

Além da autorregulação, também foi considerada como uma referência relevante neste estudo a Teoria do Fluxo. O estado de fluxo pode ser definido como "um protótipo de uma experiência de motivação intrínseca"; "uma experiência profundamente envolvente e agradável" (CSIKSZENT-MIHALYI, 2014, p. 24). Ao realizar centenas de entrevistas com *experts* de diferentes áreas (artistas, atletas, músicos, mestres de xadrez, cirurgiões), Csikszentmihalyi (1990, 1996, 1997) percebeu que os entrevistados descreviam sempre da mesma forma o engajamento na atividade e a sensação de satisfação que este proporcionava. Assim, "esses estudos mostraram que as experiências máximas eram descritas da mesma maneira por homens e mulheres, jovens e idosos, independentemente de diferenças culturais" (CSIKSZENTMIHALYI, 1992, p. 17). Alguns participantes descreviam a experiência do fluxo relacionada a uma metáfora, dizendo que — quando estavam em fluxo — tinham a sensação de que "uma correnteza os carregava sem esforço" (CSIKSZENTMIHALYI; ABUHAMDEH; NAKAMURA, 2005, p. 600). O que os participantes descreviam foi organizado a partir dessa metáfora conhecida como experiência de fluxo, fluir ou *flow*. É importante destacar também que há algumas condições e experiências subjetivas que caracterizam o estado de fluxo, conforme Csikszentmihalyi (1990, 2014): (1) as metas/objetivos são claros; (2) o feedback é imediato; (3) existe equilíbrio entre desafios e habilidades; (4) a concentração é profunda; (5) a fusão entre ação e consciência; (6) o forte senso de controle; (7) a autoconsciência desaparece; (8) a sensação de tempo é alterada; (9) a experiência torna-se autotélica.

Csikszentmilhalyi (1999) destaca, em seu estudo sobre a Teoria do Fluxo, a experiência autotélica. Para Csikszentmilhalyi (1999, p. 114), "autotélica é uma palavra composta de dois radicais gregos: *auto* (relativo a indivíduo) e *telos* (meta, finalidade)". Assim, a partir do autor, a experiência torna-se autotélica quando para o sujeito essa atividade tem fim em si mesma, ou seja, está relacionada com a motivação intrínseca, quando a motivação experimentada pelo sujeito para realizar algo vem de fatores internos (faço algo porque quero ou gosto) e não em fatores externos. Considerando o potencial desses estudos para as pesquisas na área da música, Araújo, Veloso e Silva (2019, p. 22) indicam que na prática musical o fluxo é "[...] um estado de grande envolvimento em uma atividade, que necessita de equilíbrio entre o nível de desafio e as habilidades do sujeito no alcance de uma meta passível de ser cumprida, com alto grau de concentração".

Considerando-se que a pesquisa aqui apresentada possui um caráter correlacional, o Quadro 1 indica relações observadas entre as duas teorias consultadas:

Quadro 1 – Correspondências entre a autorregulação e a experiência de fluxo

Autorregulação e Fluxo	
Os processos em si	São processos internos do indivíduo que podem ser controlados por ele para obter melhor desempenho nas atividades e melhora da satisfação e significado da vida.
O ser humano	Tanto para Csikzentmihalyi quanto para Bandura, os seres humanos não são meros produtos do seu meio social, mas são seres capazes de tomar suas decisões, de controlar seus processos internos e escolher a forma como desejam viver.

Autorregulação e Fluxo	
Estabelecimento de metas e objetivos	Estabelecer metas e objetivos é uma parte importante da autorregulação, pois permite uma melhor gestão do estudo e por consequência melhores resultados na atividade realizada. Para que o fluxo possa ocorrer, é necessário estabelecer metas que estejam alinhadas às habilidades necessárias para cumpri-las, pois desafios e habilidades em equilíbrio podem encaminhar à experiência de fluxo.
Autonomia	Essencial tanto para a experiência do fluxo quanto para definir as estratégias de autorregulação. Tanto a autorregulação quanto o fluxo levam à autonomia do sujeito para realizar as atividades.
Bem-estar	A autorregulação pode interferir na motivação, gerando uma motivação mais autônoma e positiva, proporcionando bem-estar. A experiência de fluxo proporciona bem-estar, satisfação e alegria.
Concentração	"Uma das características do estado de fluxo" (FIGUEIREDO, 2020, p. 115). Para a autorregulação, a concentração na atividade é fundamental para obter sucesso.
Motivação intrínseca	Os dois processos (autorregulação e estado de fluxo) exigem uma boa qualidade de motivação autônoma, ou seja, motivação intrínseca.
Desenvolvimento de habilidades	Ocorre tanto por meio dos processos do fluxo quanto da autorregulação.
A experiência significativa	Para Csikszentmihalyi, o fluxo é a própria experiência significativa. Para Bandura, os processos de autorregulação levam a uma melhor qualidade na realização da tarefa, fazendo com que se torne uma experiência significativa.

Fonte: elaborado a partir de Mathias (2022)

As relações observadas, portanto, formam, no contexto deste estudo, um arcabouço teórico fundamental para as análises do estudo empírico desenvolvido.

Metodologia

Considerando este artigo como recorte de um estudo mais amplo (MATHIAS, 2022)[16], os dados aqui apresentados são resultantes de uma etapa cujo método utilizado foi o estudo de levantamento — ou *survey*

---

[16] O projeto desta pesquisa foi submetido ao Comitê de Ética em Pesquisa das duas universidades envolvidas no processo de coleta de dados sob número de CAAE 32173120.9.0000.0102.

(BABBIE 2003). O instrumento de coleta de dados foi um questionário elaborado a partir de instrumentos já utilizados e testados em outras pesquisas, considerando os trabalhos de Araújo e Pickler (2008a, 2008b), Cavalcanti (2009) e Veloso (2019). Antes da coleta dos dados definitiva, foi realizado um estudo piloto para avaliar a organização do questionário proposto e os processos de análise dos dados. O questionário incluía questões sobre os processos relativos à motivação, à autorregulação e aos indicadores de experiência de fluxo, observados/relatados durante o estudo cotidiano da flauta doce. Participaram da pesquisa estudantes de licenciatura em Música e bacharelado em Música de duas instituições de ensino superior do Paraná (instituições "A" e "B").

Os dados quantitativos coletados foram organizados de modo que se pudesse realizar uma pesquisa correlacional (DANCEY; REIDY, 2006; COHEN; MANION; MORRISON, 2007). Nesse sentido, o teste de correlação de *Spearman* (*one-tailed*) foi aplicado na busca de identificar possíveis correlações positivas (quando duas questões apresentaram respostas que tenderam na mesma direção) ou negativas (quando duas questões apresentaram respostas que tenderam a seguir direções distintas), a partir das questões presentes no questionário. Foram consideradas correlações fracas para os coeficientes até 0,4, moderadas para os coeficientes entre 0,4 e 0,7 e fortes para coeficientes acima de 0,7 (DANCEY; REIDY, 2006; RUSSELL, 2018). Além disso, foram consideradas correlações estatisticamente significativas quando o valor de p foi menor que 0,05.

Resultados e discussão

Participaram da pesquisa 34 estudantes com idades entre 18 e 45 anos (M = 23,7 anos; DP = 6,56), sendo que 12 se autodeclararam do gênero masculino e 22 do gênero feminino. Em relação à instituição onde estudavam, 17 participantes eram da instituição "A" e 17 da instituição "B", ou seja, cada instituição detinha 50% dos estudantes. Além disso, 26 respondentes cursavam a licenciatura em Música e oito o bacharelado em Música. Considerando os alunos do bacharelado em Música, apenas dois realizavam o curso de bacharelado em Flauta Doce. Considerando a quantidade de anos que os participantes estudavam música, foi possível obter respostas variando entre 1 e 23 anos (M = 8,9 aos; DP = 5,06). Sobre a quantidade de tempo que estudavam flauta doce, as respostas dos participantes variaram entre 2 meses e 23 anos (M = 3,4 anos; DP = 5,55).

O Quadro 2 apresenta um recorte e síntese dos dados coletados sobre a autorregulação e o fluxo na prática e estudo de flauta doce dos participantes a partir da porcentagem de respostas nas questões apresentadas no questionário utilizado na presente pesquisa:

Quadro 1 – Recorte e síntese dos dados coletados sobre a autorregulação e o fluxo na prática e estudo de flauta doce dos participantes

Teoria	Aspecto destacado	Resultados
-	Motivação: por que você decidiu estudar flauta doce?	Respostas relacionadas à motivação extrínseca: 84,8%. Respostas relacionadas à motivação intrínseca: 15,2%.
Autorregulação	Método	Q1 – Você planeja seu estudo durante a semana? Sempre (14,7%) – Quase sempre (29,4%) – De vez em quando (38,2%) – Raramente (11,8%) – Nunca (5,9%) Q3 – Antes de iniciar seu estudo, relembra as orientações recebidas do professor durante a aula? Sempre (58,8%) – Quase sempre (26,5%) – De vez em quando (11,8%) – Raramente (2,9%) – Nunca (0%) Q4 – Ao estudar você utiliza estratégias? Sempre (47,1%) – Quase sempre (38,2%) – De vez em quando (11,8%) – Raramente (2,9%) – Nunca (0%)
	Tempo	Q7 – Quando precisa estudar por um tempo indeterminado até aperfeiçoar certa passagem Muita dificuldade (5,9%) – Alguma dificuldade (44,1%) – Pouca dificuldade (32,4%) – Nenhuma dificuldade (17,6%) Q8 – Caso precise estudar sentindo-se, por exemplo, cansado, ansioso, estressado ou estar enfrentando outros problemas de saúde. Muita dificuldade (58,8%) – Alguma dificuldade (29,4%) – Pouca dificuldade (8,8%) – Nenhuma dificuldade (2,9%)

Teoria	Aspecto destacado	Resultados
		Q9 – Quando precisa manter-se disposto para praticar mesmo que não goste do que está estudando.
		Muita dificuldade (17,6%) – Alguma dificuldade (50%) – Pouca dificuldade (23,5%) – Nenhuma dificuldade (8,8%)
		Q10 – Quando precisa estudar mesmo quando existem outras coisas interessantes a fazer.
		Muita dificuldade (5,9%) – Alguma dificuldade (26,5%) – Pouca dificuldade (52,9%) – Nenhuma dificuldade (14,7%)
	Desempenho	Q14 – Para, após tocar uma peça do seu repertório, identificar precisamente em que necessita melhorar
		Muita dificuldade (2,9%) – Alguma dificuldade (23,5%) – Pouca dificuldade (35,3%) – Nenhuma dificuldade (38,2%)
		Q15 – Para avaliar o progresso do seu estudo.
		Muita dificuldade (8,8%) – Alguma dificuldade (17,6%) – Pouca dificuldade (35,5%) – Nenhuma dificuldade (38,2%)
		Q17 – Para avaliar as causas do seu desempenho.
		Muita dificuldade (2,9%) – Alguma dificuldade (11,8%) – Nenhuma dificuldade (38,2%) – Pouca dificuldade (47,1%)
Fluxo	Concentração	Q18 – Durante minha prática com a flauta doce perco a noção do tempo.
		Sempre (14,7%) - Quase sempre (23,5%) – De vez em quando (47,1%) – Raramente (8,8%) – Nunca (5,9%).
		Q22 – Durante minha prática com a flauta doce me desligo de situações exteriores.
		Sempre (20,6%) – Quase sempre (44,1%) – De vez em quando (20,6%) – Raramente (8,8%) – Nunca (5,9%)

Teoria	Aspecto destacado	Resultados
	Satisfação e envolvimento na atividade	Q19 – Durante minha prática com a flauta doce sinto alegria/satisfação em tocar.
		Sempre (41,2%) – Quase sempre (38,2%) – De vez em quando (17,6%) – Raramente (2,9%) – Nunca (0%)
		Q23 – Durante minha prática com a flauta doce sinto vontade de tocar cada vez mais.
		Sempre (35,3%) – Quase sempre (38,2%) – De vez em quando (14,7%) – Raramente (11,8%) – Nunca (0%)
	Autoavaliação de personalidade autotélica e relações entre desafios e habilidades	Q20 – Durante minha prática com a flauta doce sinto vontade de superar desafios:
		Sempre (55,9%) – Quase sempre (23,5%) – De vez em quando (17,6%) – Raramente (0%) - Nunca (2,9%)
		Q21 – Durante minha prática com a flauta doce sinto satisfação com meus resultados.
		Sempre (26,5%) - Quase sempre (47,1%) – De vez em quando (23,5%) – Raramente (0%) - Nunca (2,9%)

Fonte: elaborado a partir de Mathias (2022)

Considerando os resultados descritivos apresentados na Tabela 1, foi aplicado um teste estatístico de correlação para verificar como as respostas dos participantes se correlacionavam. De maneira específica, buscou-se correlações entre a autorregulação e o fluxo na prática e estudo da flauta doce. A Tabela 1 apresenta um recorte dos resultados com estatística inferencial significativa nas correlações realizadas.

Tabela 1 – Correlações de *Spearman* (*one-tailed*) entre as questões sobre autorregulação e fluxo na prática e estudo da flauta doce dos participantes

Questões	Q18	Q19	Q20	Q21	Q22	Q23
Q1	---	---	,517 **	---	---	,503 **
Q3	---	,474 **	,518 **	---	---	,490 **
Q4	---	---	---	---	---	,499 **
Q7	---	---	---	,451 **	---	---
Q8	---	---	---	---	---	,416 **
Q9	---	---	---	,496 **	---	,411 **
Q10	---	,421 **	,469 **	---	---	,405 **
Q14	---	---	---	,400 **	---	---
Q15	---	---	,437 **	,465 **	---	---
Q17	---	---	---	,402 **	---	---

* $p < 0,05$ ** $p < 0,01$. Número = 35 participantes.

Fonte: os autores (2023)

A partir dos resultados apresentados no Quadro 2 e na Tabela 1, foi possível obter correlações modeladas com diferença estatística significa em algumas situações. O Quadro 3 auxilia na observação dessas correlações encontradas:

Quadro 3 – Correlações moderadas com diferença estatística significativa

Questão (fluxo):	Correlacionada com as questões (autorregulação):
Q19 – Durante minha prática com a flauta doce sinto alegria/satisfação em tocar.	Q3 – Antes de iniciar seu estudo, relembra as orientações recebidas do professor durante a aula? Q10 – Quando precisa estudar mesmo quando existem outras coisas interessantes a fazer.
Q20 – Durante minha prática com a flauta doce sinto vontade de superar desafios.	Q1 – Você planeja seu estudo durante a semana? Q3 – Antes de iniciar seu estudo, relembra as orientações recebidas do professor durante a aula? Q10 – Quando precisa estudar mesmo quando existem outras coisas interessantes a fazer. Q15 – Para avaliar o progresso do seu estudo.

Questão (fluxo):	Correlacionada com as questões (autorregulação):
Q21 – Durante minha prática com a flauta doce sinto satisfação com meus resultados.	Q7 – Quando precisa estudar por um tempo indeterminado até aperfeiçoar certa passagem. Q9 – Quando precisa manter-se disposto para praticar mesmo que não goste do que está estudando. Q14 – Para, após tocar uma peça do seu repertório, identificar precisamente em que necessita melhorar. Q15 – Para avaliar o progresso do seu estudo. Q17 – Para avaliar as causas do seu desempenho.
Q23 – Durante minha prática com a flauta doce sinto vontade de tocar cada vez mais.	Q1 – Você planeja seu estudo durante a semana? Q3 – Antes de iniciar seu estudo, relembra as orientações recebidas do professor durante a aula? Q4 – Ao estudar você utiliza estratégias? Q8 – Caso precise estudar sentindo-se, por exemplo, cansado, ansioso, estressado ou estar enfrentando outros problemas de saúde.

Fonte: os autores (2023)

A partir dos resultados apresentados, algumas sínteses e discussões são desenvolvidas. Considerando a **autorregulação da aprendizagem**, destaca-se o fato dos alunos sempre (58,8%) ou quase sempre (26,5%) relembrarem as instruções dadas pelo professor e o uso de estratégias utilizadas sempre (47,1%) ou quase sempre (38,2%) pelos participantes. Em relação ao uso de estratégias, também chamou atenção que o fator "anos de estudo" não implica a utilização de um número maior de estratégias, mostrando que existem outros fatores mais importantes em relação a essa categoria, por exemplo, a autogestão do estudante, processo que pode ser otimizado com a ajuda do professor. Outros fatores da categoria desempenho demonstram que os estudantes têm realizado com sucesso a etapa da autoavaliação presente nos processos autorregulatórios e corroborados pelas respostas dadas pelos participantes ao afirmarem que têm pouca (47,1%) ou nenhuma dificuldade (23,5%) para avaliar precisamente se estão atingindo suas metas e que possuem pouca (47,1%) ou nenhuma (38,2%) dificuldade de avaliar as causas do sucesso ou fracasso de suas performances. Dessa forma, ressalta-se a relevância dos processos autorregulatórios observados e fundamentados na Teoria Social Cognitiva, pois "seu aporte teórico favorece a construção de um amplo cenário de investigação e discussão em direção à melhoria da aprendizagem, performance e ensino no campo musical" (AZZI, 2015, p. 11).

Em relação à **experiência do fluxo**, cabe relatar com destaque o fato dos participantes afirmarem que sentiam alegria e satisfação durante sua prática com a flauta doce sempre (41,2%) e quase sempre (38,2%), bem como sempre (55,9%) e quase sempre (23,5%) sentiam vontade de superar desafios em suas práticas e, finalmente, os participantes diziam que quase sempre (47,1%) ou sempre (26,5%) sentiam satisfação com seus resultados decorrentes dessa prática, que são elementos indicadores da experiência do fluxo na prática dos estudantes. Na amostra de participantes desta pesquisa, observa-se que, com o auxílio do professor, poderia melhorar-se a construção de metas e objetivos e a organização do tempo e espaço para o estudo. Um ponto alto neste estudo foi a concentração dos participantes, elemento esse comum aos dois construtos teóricos. Nesse sentido, observou-se ainda que os elementos de ligação da autorregulação da aprendizagem e da experiência do fluxo, encontrados tanto na literatura quanto nos dados coletados, foram a motivação intrínseca (própria do sujeito), a concentração e o estabelecimento de metas. É importante esclarecer que ainda que a motivação extrínseca tenha sido a motivação apresentada pela maior parte dos participantes, para muitos deles, durante o processo da prática com a flauta doce, à medida que apresentavam um maior engajamento na atividade, a motivação foi tornando-se mais intrínseca, situação apresentada na literatura sobre motivação, engajamento e fluxo (CSIKSZENTMILHALYI, 1992; RYAN; DECY, 2000; FREDRICKS; BLUMENFELD; PARIS, 2004; TONI, 2023).

Todas as correlações significativas encontradas neste estudo foram positivas, ou seja, quando as respostas de uma questão tendem a seguir a mesma direção de uma outra questão. Mesmo quando foram encontradas correlações moderadas, foi possível identificar algumas situações que podem ser relevantes para a prática educativa na flauta doce. A "satisfação ao tocar" esteve positivamente correlacionada com "relembrar as orientações da aula" e "estudar mesmo com outras atividades" (a serem desenvolvidas). Já a "vontade de superar desafios" esteve positivamente correlacionada com o "planejar a prática", "relembrar as orientações da aula", "estudar mesmo com outras atividades" (para serem realizadas) e "avaliar o progresso". De maneira geral, Csikszentmilhalyi (1990, 1996) afirma que o fluxo necessita de condições pessoais e sociais para que aconteça. Dessa forma, a correlação entre as questões sobre os indicadores da experiência de fluxo e da autorregulação neste estudo parece apontar que os participantes compartilhavam comportamentos que incluíam uma profunda concentração e imersão em suas práticas musicais, guiados por processos de auto-observação, autojulgamento e autorreações — componentes da autorregulação a partir de Bandura (2008, 2017).

Ainda considerando as correlações, a "satisfação com os resultados" esteve positivamente correlacionada com "estudar por um tempo indeterminado", "manter-se disposto para praticar" (mesmo que não gostando do repertório que estava estudando), "identificar precisamente em que melhorar", "avaliar o progresso do estudo" e "avaliar as causas do seu desempenho". Por fim, a vontade de tocar cada vez mais esteve positivamente correlacionado com planejar a prática, relembrar as orientações da aula, utilizar estratégias e estudar mesmo com sentimentos diversos. Todas essas correlações auxiliam a indicar aspectos em comum na autorregulação e nas experiências de fluxo (ARAÚJO; VELOSO; SILVA, 2019; MATHIAS; ARAÚJO, 2021; MATHIAS, 2022). Considerando a literatura sobre motivação e engajamento em práticas educativas e musicais, entende-se que a motivação é um importante componente que conduz o indivíduo a uma ação que pode ser qualificada como um engajamento (comportamental, cognitivo e afetivo/emocional) na atividade (TONI; ARAÚJO, 2021, 2023; TONI, 2023). De fato, os resultados parecem indicar comportamentos, pensamentos e afetos que se correlacionam nos processos autorregulatórios e nas experiências de fluxo, de modo a indicar possíveis motivações e engajamentos para a prática e estudo da flauta doce no contexto investigado. De acordo com a literatura, tais motivações e engajamentos podem levar a possíveis resultados educacionais (CHRISTENSON; RESCHLY; WYLIE, 2012) e, talvez, esse seja o caso na presente pesquisa, na qual se observou que a autorregulação e a possibilidade de vivenciar experiências de fluxo poderiam trazer possível melhora na aprendizagem musical dos participantes. Portanto, os resultados apresentados e as discussões desenvolvidas auxiliam a corroborar a hipótese inicial de que "flautistas que possuem processos de autorregulação mais desenvolvidos têm maiores condições de vivenciar o fluxo e consequentemente podem ter maior engajamento e motivação em suas práticas, alcançando melhores resultados" (MATHIAS, 2022, p. 23).

Considerações finais

A partir dos dados quantitativos apresentados foi possível observar que houve correlações moderadas em 17 grupos de questões, indicando que de fato existia, na prática musical do grupo de alunos participantes deste estudo, relações entre os processos autorregulatórios e os elementos que podem conduzir à experiência de fluxo.

É relevante mencionar ainda que, a partir dos referenciais teóricos aqui citados e da pesquisa realizada, são aspectos relevantes a serem considerados em relação ao ensino de flauta doce e educação musical: a escolha do repertório para a performance, considerando o equilíbrio entre desafios e habilidades como condição para que o fluxo possa ocorrer, bem como a importância de se construir com o aluno as metas e objetivos em cada período de estudo. Além disso, destaca-se ainda como uma função relevante para o estudante, a relevância da construção de estratégias para a solução de problemas e a organização do tempo e espaço para estudo do instrumento.

Outro fator é a importância da postura do professor que poderá influenciar positiva ou negativamente para o engajamento e a manutenção da motivação para o estudo e prática com a flauta doce. Nesse sentido, Csikszentmilhalyi (2014, p. 178) afirma:

> Os professores mais influentes – aqueles que serão lembrados, que farão uma diferença na forma como vemos a nós mesmos e ao mundo, que nos moveram em novas direções, que revelaram forças inesperadas em nós ou nos conscientizaram de nossas limitações – não eram necessariamente os que tinham mais status, poder ou controle. Eles poderiam ou não ser excepcionalmente inteligentes ou bem-informados, mas eles eram geralmente aqueles que amavam o que estavam fazendo, que mostravam com sua dedicação e paixão que não havia mais nada na terra que eles preferiram estar fazendo.

Por fim, a partir do que foi apresentado, destaca-se a pertinência de se observar os aspectos autorregulatórios e os fatores que podem gerar a experiência do fluxo como processos relevantes para guiar as práticas musicais, visando o aprimoramento, bem como trazendo novos questionamentos que levem à reflexão sobre a atuação docente.

Referências

ANDERS, F. *Fazendo música juntos*: narrativas de integrantes do Conjunto de flautas doces da UERGS. 2019. Tese (Doutorado em Educação) – Universidade Federal de Santa Maria, Santa Maria, 2019.

ARAÚJO, R. C.; PICKLER, L. Um estudo sobre a motivação e o estado de fluxo na execução musical. *In:* SIMPÓSIO DE COGNIÇÃO E ARTES MUSICAIS, 4., 2008, São Paulo. *Anais* [...]. São Paulo: ABCM, 2008a. p. 1-6.

ARAÚJO, R. C.; PICKLER, L. Motivação e o estado de fluxo na execução musical: um estudo com alunos de graduação em Música. *In:* ENCONTRO ANUAL DA ABEM, 17., 2008, São Paulo. *Anais* [...]. São Paulo: ABEM, 2008b. p. 1-13.

ARAÚJO, R. C.; VELOSO, F. D.; SILVA, F. A. C. Criatividade e motivação nas práticas musicais: uma perspectiva exploratória sobre a confluência dos estudos de Albert Bandura e Mihaly Csikszentmihalyi. *In:* ARAÚJO, R. C. de (org.). *Educação Musical:* criatividade e motivação. Curitiba: Editora Appris, 2019. p. 17-40.

AZZI, R. G. Autorregulação em música: discussão à luz da Teoria Social Cognitiva. *Modus*, [*s. l.*], n. 17, v. 10, p. 9-19, 2015.

BABBIE, E. *Métodos de pesquisas de Survey*. Belo Horizonte: Editora UFMG, 2003.

BANDURA, A. Social cognitive theory of self-regulation. *Revista Organizational Behavior and human decision processes*, [*s. l.*], v. 50, n. 2, p. 248-287, 1991.

BANDURA, A. A evolução da teoria social cognitiva. *In:* BANDURA, A. *et al.* (org.). *Teoria social cognitiva*: conceitos básicos. Porto Alegre: Artmed, 2008, p. 15-41.

BANDURA, A. Teoria Social Cognitiva no contexto cultural. *In:* BANDURA, A.; AZZI, R. G. (org.). *Teoria social cognitiva*: diversos enfoques. Campinas: Mercado de Letras, 2017, p. 45-81.

CARVALHO, I. A. *Potencialidades e limites de uma disciplina do curso de Educação Musical a distância na UFSCAR*. 2010. Tese (Doutorado em Educação) – Universidade Federal de São Carlos, São Carlos, 2010.

CAVALCANTI, C. R. P. *Autorregulação e prática instrumental*: um estudo sobre as crenças de autoeficácia de músicos instrumentistas. 2009. 159f. Dissertação (Mestrado em Música) – Universidade Federal do Paraná, Curitiba, 2009.

CHRISTENSON, S. L.; RESCHLY, A. L.; WYLIE, C. (ed.). *Handbook of research on student engagement*. New York: Springer, 2012.

COELHO, C. M. *Licenciatura em música e atuação profissional*: um estudo sobre professores de flauta doce. 2016. 121f. Dissertação (Mestrado em Música) – Universidade Federal de Minas Gerais, Belo Horizonte, 2016.

COHEN, L.; MANION, L.; MORRISON, K. *Research Methods in Education*. 6. ed. New York: Routledge, 2007.

CSIKSZENTMIHALYI, M. *Flow*: the psychology of optimal experience. New York: Harper & Row, 1990.

CSIKSZENTMIHALYI, M. *A psicologia da felicidade.* São Paulo: Saraiva, 1992.

CSIKSZENTMIHALYI, M. *Creativity.* New York: HarperCollins, 1996.

CSIKSZENTMIHALYI, M. *Finding Flow*: The Psychology of Engagement with Everyday Life. New York: BasicBooks, 1997.

CSIKSZENTMIHALYI, M. *A descoberta do fluxo*: a psicologia do envolvimento com a vida cotidiana. Rio de Janeiro: Rocco, 1999.

CSIKSZENTMIHALYI, M. *Applications of flow in human development and education.* New York: Springer, 2014.

CSIKSZENTMIHALYI, M; ABUHAMDEH, S.; NAKAMURA, J. Flow. *In:* ELLIOT, A.; DWECK, C. S.; YEAGER, D. S. (org.). *Handbook of competence and motivation.* New York: The Guilford Press, 2005.

DANCEY, C. P.; REIDY, J. *Estatística sem matemática para psicologia*: usando SPSS para Windows. 3. ed. Porto Alegre: Artmed, 2006.

FIGUEIREDO, E. A. F. *Motivação na aula de instrumento musical*: teorias e estratégias para professores. Curitiba: Editora Appris, 2020.

HADLEY, L. *The recorder in the Twentieth Century.* Denton: North Texas University, 1971.

IVO, L. F. *Práticas pedagógicas coletivas com flauta doce*: uma proposta de formação continuada de educadores e educadoras musicais. 2017. 173f. Dissertação (Mestrado em Educação) – Universidade Federal de São Carlos, São Carlos, 2017.

MATHIAS, T. W. *Reflexões sobre a autorregulação e a experiência do fluxo no contexto da prática musical da flauta doce.* 2022. Tese (Doutorado em Música) – Universidade Federal do Paraná, Curitiba, 2022.

MATHIAS, T. W.; ARAÚJO, R. C. Autorregulação e teoria do fluxo no contexto da aprendizagem da flauta doce. *In:* IC-CIPEM – PERSPECTIVAS EM PSICO-LOGIA DA MÚSICA E EDUCAÇÃO MUSICAL, 2021, Cidade do Porto. *Anais* [...]. Portugal: Instituto Politécnico do Porto, 2021. p. 144-145.

MONGIARDINO, F. Il flauto dolce nel primo ciclo di istruzione fra presente e nuove prospettive. *Musica Domani,* Bologna, n. 178, giugno 2018.

PAOLIELLO, N. *A flauta doce e sua dupla função como instrumento artístico e de iniciação musical.* 2007. Monografia (Licenciatura Plena em Educação Artística – Habilitação em Música) – Universidade Federal do Rio de Janeiro, Rio de Janeiro, 2007.

PASCOE, B. J. *Current practices and continuity of programms in Recorder Tuiton in selected north east metropolitan schools.* Bachelor of Education, Edith Cowan University, 1991.

PINTRICH, P. R.; SCHUNK, D. H. *Motivation in education*: Theory, research and applications. Prentice Hall, 1996.

ROSÁRIO, P. *et al.* Nas encruzilhadas do aprender, autorregular para crescer. *Revista Educação em Debate*, Fortaleza, ano 26, v. 1, n. 47, p. 74-82, 2004.

RUSSELL, J. A. *Statistics in Music Education Research.* Oxford: Oxford University Press, 2018.

RYAN, R. M.; DECI, E. L. Intrinsic and Extrinsic Motivations: Classic Definitions and New Directions. *Contemporary Educational Psychology*, [s. l.], v. 25, p. 54-67, 2000.

SOUTHCOTT, J. Early Days of recorder teaching in South Australian schools. A personal history. *Australian Journal of Music Education*, [s. l.], n. 50, n. 1, 2016.

SOUZA, Z. A. *Construindo a docência com a flauta doce*: o pensamento de professores de música. 2011. Dissertação (Mestrado em Educação) – Universidade Federal de Santa Maria, Santa Maria, 2011.

TONI, A. *Engajamento e fluxo coletivo*: um estudo de métodos mistos com participantes de grupos musicais sobre suas práticas e experiências. 2023. Tese (Doutorado em Música) – Universidade Federal do Paraná, Curitiba, 2023.

TONI, A.; ARAÚJO, R. C. Práticas docentes para o engajamento de estudantes de música em diferentes contextos: um estudo exploratório. *In:* CONGRESSO NACIONAL ASSOCIAÇÃO BRASILEIRA DE EDUCAÇÃO MUSICAL, 25., 2021. *Anais* [...]. [*S. l.*]: ABEM, 2021.

TONI, A.; ARAÚJO, R. C. Engajamento dos estudantes: uma revisão de fundamentações para práticas educativas e suas aproximações com a educação musical. *Educação UFSM*, [s. l.], v. 48, p. 1-29, 2023.

VELOSO, F. D. D. *Autorregulação da aprendizagem instrumental*: um estudo de caso com uma percussionista. 2019. Dissertação (Mestrado em Música) – Universidade Federal do Paraná, Curitiba, 2019.

WEICHSELBAUM, A. S. Ensino de flauta doce em cursos de licenciatura em música: conhecimentos e habilidades apontados por educadores. *In:* SIMPÓSIO ACADÊMICO DE FLAUTA DOCE DA EMBAP, 2., 2008, Curitiba. *Anais* [...]. Curitiba: Embap, 2013.

WILLIAMS, A. M. *The Dodo was really a Phoenix*: the Renaissance and revival of the recorder in England 1879-1941. 2005. Thesis (Doctor of Philosophy) – The University of Melbourne, 2005.

ZIMMERMAN, B. J. Becoming a self-regulated learner. An overview. *Theory into Practice*, [*s. l.*], n. 41, v. 2, p. 64-70, 2002.

PROCESSOS CRIATIVOS MUSICAIS DO ESTUDANTE COM DEFICIÊNCIA INTELECTUAL NO CONTEXTO ESCOLAR[17]

Teresa Cristina Trizzolini Piekarski
Valéria Lüders

No final da década de 70, decorrer dos anos 80, as pessoas com deficiência raramente chegavam aos espaços educacionais com laudo médico ou qualquer indicação de sua condição e os professores tinham que dar conta de sua aprendizagem sem qualquer suporte da educação especial. Isso nos levou a muitos questionamentos e a não aceitar a impossibilidade do seu desenvolvimento musical. Eventualmente, quando já possuíam um diagnóstico, as pessoas com deficiência estavam no espaço escolar para fins de socialização e sua escolarização se dava nas escolas especializadas. Esse é o paradigma da integração, que, segundo Sassaki (2002), as pessoas com deficiência eram inseridas nas escolas comuns sem as adequações necessárias para que realmente acontecesse a aprendizagem.

Sassaki (2002) afirma que o germe da inclusão se deu em 1981 quando o conceito de equiparação de oportunidades foi definido na Declaração de Princípios da *Disabled People's International* (DPI), que é uma organização não governamental concebida por líderes com deficiência. Vários outros documentos internacionais vêm destacando esse conceito, entretanto a Declaração de Salamanca (1994) da Unesco[18] foi o documento de maior relevância.

No Brasil, a Constituição Federal de 1988 e diversas outras leis e documentos normativos, com grande destaque para a Lei 13.146/2015, vêm fortalecendo o paradigma da inclusão, que compreende que a educação especial deve estar em todos os espaços educacionais, porque as pessoas com deficiência devem frequentar preferencialmente as escolas comuns.

---

[17] Este capítulo é baseado na tese de doutorado desenvolvida no Programa de Pós-graduação em Música da Universidade Federal do Paraná (UFPR). As autoras (autora da tese e orientadora) integram o grupo de pesquisa UFPR/CNPq Processos Formativos e Cognitivos em Educação Musical (Profcem).

[18] Unesco é a sigla de United Nations Educational, Scientific and Cultural Organization, que é uma agência especializada das Nações Unidas (ONU).

O presente capítulo apresenta parte de uma tese que deu continuidade a um estudo[19] anterior que atestou que o estudante com deficiência intelectual aprende e se desenvolve musicalmente. Porém, nas atividades de criação musical orientadas pelos currículos a serem realizadas no contexto escolar, os estudantes com deficiência intelectual fizeram somente alterações timbrísticas sem se utilizar dos demais elementos da música, como: variações de andamento, de ritmo, na dinâmica, melodia, ou ainda, a interferência de alguma forma na expressividade musical.

A Música integra o componente curricular Arte, juntamente com as Artes Visuais, o Teatro e a Dança, conforme a Lei n.º 13278/16 e a Base Nacional Comum Curricular (BNCC), que é o documento que regulamenta as competências e habilidades para cada etapa e modalidade da educação básica no Brasil (BRASIL, 2017). A criação é um encaminhamento metodológico a ser realizado em todas essas linguagens artísticas.

A criação musical referida neste estudo diz respeito aos encaminhamentos metodológicos, que envolvem a composição de arranjos e improvisações, acompanhamentos musicais, além de pequenas ideias musicais estruturadas de maneira espontânea[20], ostinatos rítmicos e melódicos orientados em diversos currículos. O trabalho pedagógico envolvendo os elementos da música possibilita o fazer criativo, após a pluralidade de experiências estéticas musicais que abrangem a experimentação, a improvisação, o cantar, o tocar, a apreciação musical, entre outras. Essa multiplicidade de experiências estéticas musicais propiciada aos estudantes é a forma que a música é trabalhada no componente curricular Arte na escola.

Esta pesquisa teve como objetivo estudar os processos criativos musicais do estudante com deficiência intelectual com o uso intencional do ritmo, melodia, andamento e dinâmica (elementos da música[21]) em arranjos, acompanhamentos musicais, ostinatos rítmicos e melódicos (criação musical) no contexto escolar.

---

[19] O estudo referido é a dissertação de mestrado "A Aprendizagem Musical do Estudante em Deficiência Intelectual em Contexto de Inclusão". Disponível em: https://acervodigital.ufpr.br/bitstream/handle/1884/45440/R%20-%20D%20-%20TERESA%20CRISTINA%20TRIZZOLINI%20PIEKARSKI.pdf?sequence=1&isAllowed=y. Acesso em: 14 jun. 2023.

[20] As pequenas ideias musicais aqui neste estudo não seguem as regras e princípios estilísticos.

[21] Esses elementos da música foram trabalhados neste estudo, porque são indicados no currículo de referência, devendo ser ministrados simultaneamente.

O estudo foi realizado com 11 estudantes com deficiência intelectual[22] que frequentavam uma Classe Especial (CE), em uma escola comum do município de Curitiba. Todos eles tiveram a deficiência constatada por uma equipe multidisciplinar que realizou a Avaliação Diagnóstica Psicoeducacional (DIRETRIZES CURRICULARES PARA A EDUCAÇÃO MUNICIPAL DE CURITIBA, 2006). Essa população foi definida para a pesquisa, por suas características cognitivas relacionadas à deficiência intelectual.

Essa deficiência aqui é definida na perspectiva funcional e da dinâmica, que se sobrepõe aos traços clínicos, conforme a American Association on Intellectual and Developmental Desabilities[23] (AAIDD). Pan (2008) esclarece que nessa definição as classificações de leve, moderada e severa da deficiência intelectual não são consideradas, mas, sim, as habilidades intelectuais, as interações sociais, o comportamento adaptativo e o contexto, caracterizando cada pessoa como singular.

A frequência dos estudantes na CE é por tempo limitado, pois o atendimento educacional especializado promovido objetiva assegurar as possibilidades de aprendizagem dos componentes curriculares com tempo e estratégias diferenciadas (CURITIBA, 2018). Os estudantes são reclassificados por meio de processo avaliativo após frequentarem a CE, que investiga se podem ser reintroduzidos em uma classe comum ou serem direcionados para a Educação de Jovens e Adultos (EJA).

A Resolução CNE/CEB n.º 2, de 11 de setembro de 2001, legaliza as CEs da Rede Municipal de Ensino de Curitiba (RME) e a Deliberação n.º 02/03 do Conselho Estadual de Educação do Paraná normatiza a sua criação, a organização e o funcionamento.

A educação musical e a composição no contexto escolar nos séculos XX e XXI

A aprendizagem musical e a educação musical modificaram-se substancialmente nos séculos XX e XXI e como consequência transformações ocorreram na composição no contexto escolar.

---

[22] Esse estudante caracteriza-se por ter as habilidades cognitivas em defasagem, como também os conteúdos acadêmicos. Possui histórico de atraso no desenvolvimento, a linguagem é desorganizada e/ou com alterações, não é alfabetizado e suas noções de sistema de numeração decimal são no máximo até 10. Pode ter vínculo negativo com a aprendizagem e a psicomotricidade necessita de aprimoramento (PIEKARSKI, 2014).

[23] A AAIDD é uma entidade reconhecida mundialmente por promover políticas, pesquisas inovadoras, incitar práticas efetivas e direitos humanos universais para pessoas com deficiência intelectual e de desenvolvimento. Informações disponíveis em: https://www.aaidd.org/. Acesso em: 22 jun. 2023.

As propostas pedagógico-musicais do século XX foram impactantes, pois os estudantes deixam de simplesmente reproduzir e/ou memorizar os conteúdos musicais para aprendê-los por meio de vivências, de experiências musicais. Dessa forma, o desenvolvimento de habilidades musicais envolvidas na execução musical acontece com maior compreensão desses conteúdos.

Músicos de diversas partes do mundo desenvolveram propostas para o ensino de música, algumas também chamadas de método (FIGUEIREDO, 2012). Em comum, essas propostas analisaram e repensaram métodos tradicionais, cujo foco estava na formação de instrumentistas virtuosos com repertório de tradição musical.

A educação musical sob nova ótica passa a ser direcionada para todas as pessoas, indo além das talentosas, o repertório musical passa a abranger diversidade musical produzida por diferentes culturas, incluindo o de tradição. Foram mudanças gradativas no decorrer do século e cada proposta metodológica apresentou características culturais e de encaminhamentos conforme o contexto em que foi desenvolvida.

Algumas propostas pedagógicas/métodos são mais flexíveis que outras, como as de Paynter, Schafer, Koellreuter, possibilitando ao professor o desvencilhamento dos encaminhamentos mecanicistas, atendendo as particularidades do desenvolvimento musical de seu estudante, envolvendo seu desenvolvimento técnico, seu conhecimento, a sua interpretação e sua criatividade musical. Pode-se afirmar que, dessa forma, o trabalho do professor é um grande desafio e requer muito planejamento.

Embora essas propostas pedagógicas musicais apresentem especificidades próprias, sendo algumas mais flexíveis, outras com sequências de encaminhamentos pedagógico-musicais mais rígidos e materiais didáticos pré-estabelecidos, Penna (2011) aponta que todas podem ser consideradas métodos de educação musical. Isso porque seus encaminhamentos com base em princípios, finalidades e orientações apresentam singularidades nas ações educativas, que direcionam o desenvolvimento de uma prática da educação musical.

Todas essas propostas ressaltam a participação ativa dos estudantes durante sua aprendizagem musical, por meio do cantar, do tocar, da dança e da criatividade de diversas maneiras.

Émile Jaques Dalcroze, músico e pedagogo musical suíço-alemão, foi o precursor ao se utilizar das metodologias ativas (baseadas na experiência) nas primeiras décadas do século XX (GAINZA, 2011; MARIANI, 2011), por isso, merece destaque. No método Dalcroze, a aprendizagem musical acontece por meio da experiência corporal. Deu grande ênfase na improvisação apontando que é no momento criativo em que o estudante mostra suas ideias musicais (MARIANI, 2011). As ideias de Dalcroze influenciaram os pedagogos musicais Willems, Kodály, Orff, entre outros. Suas abordagens metodológicas do ensino da música são os chamadas métodos da primeira geração.

Os métodos da segunda geração focam nas técnicas musicais contemporâneas para o desenvolvimento da criatividade. Fonterrada (2014) destaca que esses métodos valorizam a diversidade de saberes e enfatizam a experimentação e a criação, que os vinculam à música contemporânea. Entre os músicos e pedagogos musicais dessa geração, citamos Hans-Joachim Koellreutter, Gertrud Meyer-Denkmann, John Paynter, Murray Schafer.

No Brasil, os compositores também procuraram novos caminhos para o ensino da música. O processo de ensino e aprendizagem musical foram pensados por eles, movidos pela inquietude com a evolução da psicologia, da pedagogia, da sociologia, entre outras ciências, que aconteciam desde o início do século XX (FONTERRADA, 2014).

O canto orfeônico[24] foi importantíssimo na formação cultural das crianças durante o governo de Getúlio Vargas, embora tenha sido instrumento de doutrinação ideológica (FERRAZ, 2016). Heitor Villa-Lobos, grande músico e compositor, foi responsável pela Secretaria de Educação Musical e Artística (Sema), na era Vargas, elaborou o material pedagógico-musical tendo o canto orfeônico como fio condutor. No *Guia Prático*, o repertório era o folclore brasileiro e nos dois volumes do "Canto Orfeônico" estavam canções com elementos de brasilidade, como também hinos patrióticos, canções cívicas e escolares, marchas. O canto orfeônico sugeriu procedimentos para composição com o objetivo de conceber melodias imprevistas, motivando a criação, como na "Melodia das Montanhas" (FERRAZ, 2016).

Podemos citar outros compositores brasileiros como Antônio de Sá Pereira, Liddy Chiaffarelli Mignone, Esther Scliar, que também foram influenciados pelos métodos ativos, que com suas propostas metodológicas para a educação musical alteraram a forma de ensino no Brasil.

---

[24] O canto orfeônico surgiu na Europa no século XIX em momentos de fortalecimento nacional. Nessa abordagem metodológica para o ensino da música, o canto é executado por coros diversos, como de alunos, professores, militares, entre outros (SARMENTO, 1977 *apud* PIEKARSKI, 2020).

A educação musical no século XXI e a criação musical foram contempladas em diversas pesquisas sob uma diversidade de olhares, indicados por Webster (2016a) como a interferência da tecnologia da informação e comunicação, apontados por Finley e Burnard (2007), os estudos nas abordagens construtivistas de Webster (2011), Wiggins (2009, 2011), Wiggins e Espeland (2012), Cleaver e Ballantyne (2014), entre muitos outros.

Estudos apontam que a criação musical favorece a compreensão musical por crianças e que todas são competentes para comporem, conforme suas características inatas (HICKEY, 2013 *apud* WEBSTER, 2016b). No entanto, é relevante que as vivências musicais, como a composição, a improvisação, a performance de outras pessoas, sejam realizadas instigando a criação musical, além da escuta que também deve ser realizada de modo criativo (WEBSTER, 2016b).

As colocações até aqui realizadas sobre a criação musical foram determinantes para modificar a frequência dos encaminhamentos metodológicos que instigassem a criatividade dos estudantes com deficiência intelectual nesta pesquisa, pois os currículos orientam que as atividades de criação musical devem ser desenvolvidas após uma diversidade de experiências estéticas musicais. Neste estudo, essas experiências que envolviam a experimentação, a execução, a apreciação musical realizadas em campo durante a coleta de dados foram propostas estimulando, encorajando a criatividade e o pensamento criativo.

Esclarecemos que propostas pedagógico-musicais da primeira e segunda geração também foram adequadas para o contexto e as possibilidades dos estudantes com deficiência intelectual durante este estudo, conforme indicado por aqueles que as conceberam.

A criatividade e a imaginação na infância e na adolescência na perspectiva de Vigotski e a educação musical

Lev Vigotski (1899-1934) psicólogo bielo-russo teve intenso, embora curto, percurso científico em que também estudou a educação estética, psicologia da arte e a estética teatral, além do desenvolvimento intelectual. O livro *Imaginação e criatividade na infância – Ensaio psicológico* (VIGOTSKI, 2014) é relevante para este estudo.

Vigotski (2014) afirma que a atividade criativa é própria do ser humano, podendo ser a concepção de algum objeto do mundo exterior, uma construção mental ou de um sentimento humano. O teórico aponta que o comportamento humano demonstra duas ações básicas em toda atividade que realiza: o reprodutivo ou reprodutor e a que combina e cria.

O comportamento reprodutivo ou reprodutor viabiliza a repetição de regras comportamentais concebidas anteriormente, como também relembra ideias passadas. Esse comportamento relaciona-se diretamente com a memória. No comportamento que cria e combina o cérebro reformula e cria baseado em princípios, abordagens e elementos de experiências anteriores (VIGOTSKI, 2014).

Essas duas ações descritas por Vigotski são relevantes para a criação na educação musical, pois a diversidade de experiências estéticas musicais disponibiliza elementos que podem ser memorizados, reproduzidos em atividades, brincadeiras musicais (comportamento reprodutor) e em ações futuras podem ser associados, recombinados, modificados (comportamento que cria e combina), configurando a atividade criativa musical.

O teórico explica que a imaginação ou fantasia para a psicologia se baseia nas capacidades combinatórias. Nesse sentido, "[...] A imaginação como base de toda a atividade criadora se revela nos diferentes aspectos da vida cultural, propiciando a criação artística, científica e tecnológica" (PIEKARSKI, 2020, p. 53).

Ribot (1900 *apud* Vigotski, 2014) esclarece que as invenções humanas das mais simples até as mais complexas são imaginadas antes de se materializarem. Das pessoas comuns aos grandes gênios, todos criam no seu cotidiano, partindo de pequenos e simples elementos ou dos grandes e complexos caracterizando o processo criativo. Nessa perspectiva, o estudioso esclarece que a criatividade é observável nas crianças desde muito pequenas, que, mesmo quando reproduzem comportamentos de outros, podem estar reestruturando suas experiências, conforme seus interesses, originando novas.

O professor de música deve considerar que é com a riqueza e a variedade de experiências musicais que oportunizar aos seus estudantes, que estará sedimentando a atividade criadora musical, pois é a experiência que fornece a matéria-prima para a construção e o fomento da atividade criadora da imaginação. A amplitude das experiências aumenta as possibilidades imaginativas, porém Ribot (*apud* VIGOTSKI, 2014) afirma que é preciso tempo para que a imaginação resulte em uma nova ideia.

Isso posto, o professor de música, que estimula a fantasia de seus estudantes no decorrer das atividades musicais, oportuniza a atividade imaginativa. Craft *et al.* (2007) e Burnard (2012), alguns dos estudiosos da criação musical no século XXI, corroboram com essa ideia e a ampliam afirmando que as atividades musicais propostas pelo professor devem, tanto para seus estudantes como para ele, instigar a imaginação e desafiá-los para a tomada de decisões e soluções em situações musicais.

A criação musical e os aspectos cognitivos da deficiência intelectual: perspectiva vigotskiana

Lev Semenovich Vigotski estudou o desenvolvimento e a aprendizagem da criança no contexto russo. Embora não tenha pesquisado sobre educação musical, seus estudos colaboram para a compreensão da criação musical das pessoas com deficiência,

Sua obra *Fundamentos da Defectologia*[25] aborda a deficiência para entender o desenvolvimento, as características das pessoas e como o processo de ensino pode ser conduzido. A referida obra foi escrita no início do século XX[26], sua abordagem para a compreensão da deficiência considera a relação da pessoa com o meio no qual está inserida, com as suas dificuldades e possibilidades de encaminhamentos que auxiliem em seu desenvolvimento.

Essa abordagem, os estudos da criatividade e da imaginação da criança e do adolescente e os que se referem à aprendizagem e ao desenvolvimento de Vigotski foram a base para reflexões sobre os aspectos cognitivos da deficiência intelectual e os processos criativos musicais do estudante com deficiência intelectual no contexto escolar.

Os dois níveis de desenvolvimento da criança apontados por Vigotski (2010) possibilitam a compreensão da conexão entre o desenvolvimento e o que a criança pode aprender. O nível de desenvolvimento atual mostra o que pode realizar sem a ajuda de seus pares e/ou adultos. A zona de desenvolvimento imediato é o estágio em que a criança consegue realizar tarefas com a ajuda de outros mais experientes, podendo indicar o que a criança irá desenvolver com autonomia no futuro (VIGOTSKI, 2010). A importância da compreensão dos dois níveis de desenvolvimento da criança é necessária, porque os novos elementos e recursos musicais, a melhoria das habilidades musicais suscitam os processos criativos.

---

[25] O termo "defectologia" se refere à deficiência. Defectologia era utilizado no início do século XX, período em que Vigotski produziu os textos que resultaram na obra citada.

[26] Nessa época, a avaliação quantitativa baseava os métodos psicológicos de estudos da deficiência intelectual (KRÜNEGEL, 1926 *apud* VYGOTSKI, 1997).

Na perspectiva vigotskiana, o desenvolvimento da criança com deficiência acontece de maneira diferente da criança sem deficiência. É necessário entender qual é a interferência da deficiência orgânica no desenvolvimento e na personalidade (VYGOTSKI, 1997). No que se refere à educação musical da pessoa com deficiência intelectual, o professor deve considerar essa interferência no planejamento das vivências musicais condutivas para a criação musical, considerando as singularidades de seu estudante, qual é a sua funcionalidade orgânica e psicológica, sem se prender aos aspectos negativos consequentes da deficiência.

O desenvolvimento e a personalidade da criança são influenciados pela deficiência de algum órgão, porque as dificuldades geradas estimulam a elaboração de compensações (VYGOTSKI, 1997). Porém, as particularidades e os limites de cada pessoa devem ser considerados, pois nem sempre o processo de compensação ocorre com êxito. Independentemente disso, a reestruturação das funções de adaptação, que foram geradas pela deficiência, pode direcionar o desenvolvimento por novos caminhos, que são a base para o desenvolvimento da personalidade da criança (VYGOTSKI, 1997).

Pode-se exemplificar, com a compensação na dificuldade em memorizar da criança com deficiência intelectual, nesses casos, o professor de música deve estar atento às suas particularidades psíquicas, utilizar-se de encaminhamentos pedagógico-musicais, de recursos e estratégias que impulsionem suas funções psíquicas, de modo que o efeito compensatório seja estimulado. Nesse caso, podem contribuir com a compensação, as experiências musicais que a orientem a observar, a imitar e mostrar as possibilidades do uso de seus próprios recursos psíquicos para as suas descobertas durante seu fazer musical. A memória pode ser uma barreira para os processos criativos musicais e as ações do professor de música podem auxiliar na sua superação.

Da relação da maturidade orgânica (plano natural) com o meio em que vive (plano cultural) acontece o desenvolvimento de uma criança. Conforme o desenvolvimento orgânico se dá no ambiente cultural, "[...] é transformado em processo historicamente condicionado" (VYGOTSKI, 1997, p. 27). Esses planos se fundem, interlaçam-se evidenciando as alterações ocasionadas pelo desenvolvimento. Entretanto, essa fusão não é percebida na criança com deficiência, podendo existir diferenças em ambos os planos decorrentes de razões orgânicas (VYGOTSKI, 1997).

Nesse sentido, o professor de música precisa considerar que a criança com deficiência intelectual possui limites em seu desenvolvimento natural, portanto deverá se utilizar de recursos e estratégias específicas para promover o seu desenvolvimento musical. Dessa forma, ampliará as suas formas de aprendizagem no transcorrer de seu desenvolvimento.

As condições biológicas e sociais do crescimento humano sedimentam o comportamento humano. O fator biológico é embasado pelas reações inatas, que impõem limites ao organismo, requerendo um sistema de reações adquiridas. O meio onde o organismo cresce e se desenvolve estabelece as particularidades desse novo sistema de reações. Isso posto, assegura-se que toda a educação é de natureza social (VIGOTSKI, 2010). As experiências pessoais alteram as reações inatas e possibilitam a formação de novas, portanto, é a experiência do estudante que o educa na concepção vigotskiana.

Nesse sentido, afirmamos que os métodos ativos de educação musical vão ao encontro dessa concepção, pois os estudantes vivenciam ativamente os conteúdos musicais, além do desenvolvimento de suas habilidades, tendo professor como mediador, participante e organizador do processo.

Nessa perspectiva, o professor de música promove a aprendizagem e o desenvolvimento musical por meio da atividade de seu estudante em uma diversidade de experiências estéticas, sempre envolvido, atento às particularidades de seu estudante com deficiência, mediando o processo de aprendizagem, utiliza-se de recursos e estratégias para esse fim. Dessa forma, a criação musical poderá ser fomentada.

Metodologia

Nesta pesquisa, optou-se pela investigação qualitativa com a abordagem de estudo de caso. A coleta de dados foi realizada no próprio contexto da pesquisa, que possibilitou explorar, descrever, explicar os processos criativos musicais dos estudantes com deficiência intelectual envolvidos, conforme indicações de Creswell (2014).

Este estudo foi submetido ao Comitê de Ética em Pesquisa CEP/SD da UFPR, que emitiu parecer consubstanciado favorável para sua realização sob o número 3.312.522.

A coleta foi realizada por meio de entrevista semiestruturada, com o objetivo de conhecer o contexto social dos participantes do estudo, em 11 intervenções (aulas de música) realizadas pela pesquisadora com duas horas/

aula cada, que foram filmadas[27], possibilitando recortes de vídeos e arquivos de áudio, com diário de campo em que foram registradas observações significativas analisadas nos vídeos posteriormente. Essas observações, além das outras colhidas nos outros instrumentos de pesquisa foram registradas na pauta de observação.

Durante as intervenções, os estudantes participaram de diversas experiências estéticas musicais em conformidade com as diretrizes curriculares para o ensino da música no componente curricular Arte. Os encaminhamentos pedagógico-musicais envolveram a apreciação, experimentação/execução e a criação musical.

Os dados colhidos na entrevista, nas filmagens, nos áudios, as anotações de observações, as anotações interpretativas, os aspectos do desenvolvimento do estudo foram organizados e codificados após cada evento da coleta, o que possibilitou a descrição e o detalhamento as estratégias de criação musical realizadas pelos estudantes durante as intervenções.

A documentação audiovisual foi realizada conforme Loizos (2002) e a análise de imagens em movimento e a translação[28] das sequências foram feitas conforme Rose (2002) basearam a identificação de três temas, que estão apresentados na discussão de dados na sequência.

A análise dos temas foi realizada sem a intenção de construir generalizações (CRESWELL, 2014), mas de compreender os processos criativos musicais da pessoa com deficiência intelectual no contexto escolar.

Discussão dos dados obtidos nas intervenções

Os dados coletados nas 11 intervenções foram organizados, analisados e discutidos em três temas:

- Processos criativos musicais e o repertório – foram analisados nas situações de aprendizagem no contexto escolar, a relação do(s) participante(s) com o repertório musical, com os demais estudantes e com os processos criativos musicais.

---

[27] As filmagens realizaram-se conforme as normas do Comitê de Ética em Pesquisa da UFPR, que dizem respeito à autorização dos pais e/ou responsáveis pelos participantes (Termo de Consentimento Livre e Esclarecido – TCLE). Esse Termo foi apresentado detalhadamente em reunião, que aconteceu antes do início da coleta e envolvia as condições para a filmagem, a vontade dos participantes, a utilização das filmagens e seus subprodutos (fotografias, áudios, vídeos) para fins acadêmicos, mantendo o anonimato dos participantes.

[28] Translação é processo de conversão de material audiovisual em texto escrito com formato simplificado (ROSE, 2002).

- Processos criativos musicais e a mediação do professor – foram analisadas as ações dos participantes em situações em que a pesquisadora os incitou a construírem uma pequena ideia musical. A mediação foi realizada durante todas as atividades de apreciação, da experimentação/execução musical que ocorriam antes da construção da proposta até a criação. As ações mediativas consistiram na orientação e/ou condução das atividades, nas sugestões, na construção por etapas para que os estudantes interviessem em alguma estrutura musical que já existisse, mesmo que fosse em um trecho muito pequeno, ou criassem pequenas ideias musicais.

- Processos criativos musicais e o fazer musical espontâneo – foram analisadas as ações musicais espontâneas, ou seja, não foram propostas pela pesquisadora, que envolviam ações musicais com os elementos da música aqui estudados. Aqui, o fazer musical envolve as ações musicais em que a criança é ativa com o universo sonoro e musical, podendo ser por meio da exploração, das brincadeiras, cantando, tocando, entre outros.

No tema processos criativos musicais e o repertório, durante a atividade inicial, foi verificado quais os elementos da música estudados durante a pesquisa já estavam presentes nas interpretações de uma música do repertório dos participantes, independentemente de qualquer ação pedagógica-musical desenvolvida pela pesquisadora. A discussão dos dados foi realizada sob a luz da teoria histórico-social de Vigotski, que afirma que o professor deve considerar o conhecimento que a criança já possui e o que consegue realizar sem apoio de outras pessoas, denominado de zona de desenvolvimento atual, e a sua evolução e a mediação com esse suporte, conhecida como zona de desenvolvimento imediato (VIGOTSKI, 2010).

Foi verificado nesse início das intervenções que o repertório apresentado pelos estudantes estava presente nas diferentes mídias e não pertenciam ao repertório musical normalmente abordado no contexto escolar, sendo coerentes com o que responderam na entrevista semiestruturada. Haviam dito que escutavam música no rádio, no celular, juntos com a família, conforme Ilari (2009) e Romanelli (2009), que afirmam que a criança possui vivências musicais independentemente da escola. Isso indicou a necessidade de ampliar o repertório dos participantes, o que foi realizado por meio de diferentes experiências estéticas musicais, estimulando a fruição e a experimentação pessoal, além do fazer e criar musicalmente.

Um participante preferiu não cantar, conforme solicitado para a realização da tarefa, e executou uma sequência rítmica com sons corporais. É provável que tenha se sentido desconfortável para cantar para a pesquisadora que havia conhecido há pouco tempo e foi respeitado. Em situações como essa, a pesquisadora respeitou a vontade dos participantes, oferecendo suporte para que se arriscassem em suas performances e ideias musicais, sem medos e/ou embaraços. Dessa forma, as relações sociais positivas foram asseguradas, constituindo vínculo afetivo e emocional primordial para a boa realização de atividades educacionais (JEFFREY; WOODS, 2009; BEINEKE, 2015).

Nesse tema, quando os participantes foram instigados a interpretarem canções que já haviam escutado em outras situações, foi observado o comportamento reprodutor relatado por Vigotski (2014), embora não tenham acontecido imitações fidedignas. Nas canções presentes na mídia, foi constatado nas imitações dos intérpretes originais, que alguns recursos musicais (*legato*, melisma, *tremolo*, entre outros) foram suprimidos ou acrescentados, com alguma mudança na dinâmica. Entretanto, o ritmo, o pulso e a melodia foram próximos dos originais.

No decorrer das atividades desse tema e dos demais, verificou-se que os participantes cantavam com a troca de letras em algumas palavras, o que tornou possível supor que foram decorrentes das dificuldades fonoarticulatórias dos participantes, que é uma peculiaridade das pessoas com deficiência intelectual, conforme Vigotski (1997).

Com o avanço das intervenções, verificou-se que um dos participantes criou um ostinato melódico, cantando repetidamente a sequência de três notas após relacionar a atividade que foi realizada naquele momento com as de dias anteriores. Dessa forma, manifestou o comportamento humano que combina e cria descrito por Vigotski (2014). A nova estrutura melódica cantada pelo participante foi a combinação sonora realizada com um fragmento de três notas de uma obra conhecida e trabalhada pela pesquisadora anteriormente. Nessa situação, o estudante criou a nova estrutura melódica alicerçado em suas experiências musicais anteriores vivenciadas durante as intervenções.

Também foi constatada a interação dos participantes, mesmo sem darem sinais como a troca de olhares e/ou diálogos, quando um outro participante se envolveu na execução musical do colega, criando uma nova sequência rítmica e/ou melódica com texto e dinâmica próprios. Essa experiência musical corrobora com a indicação de Ribot citado por Vigotski

(2014), em que no cotidiano das pessoas a criatividade está presente, visto que se utilizam de pequenos fragmentos extraídos de originais para imaginar, combinar, criar. Nesse sentido, podemos afirmar que os dois participantes recompuseram a estrutura musical dentro de seu conhecimento técnico-musical, envolvendo-se em processos criativos.

No tema processos criativos musicais e a mediação do professor, foi possível verificar as estratégias utilizadas pelos estudantes, que foram incitados a criar musicalmente.

As atividades analisadas neste tema foram planejadas com a intenção de gerar oportunidades criativas, indo ao encontro das colocações de Burnard e Murphy (2013 *apud* BEINEKE, 2015). Conforme as autoras, o professor comprometido com o ensino criativo tem que conceber uma cultura de oportunidades criativas, onde ele se envolve com seus os estudantes nas situações de aprendizagem no contexto escolar. Essas ideias associadas às de Vigotski (2014) referentes aos processos criativos afirmam que os elementos neles envolvidos são extraídos das próprias vivências e da experiência humana proporcionaram rotineiramente o fazer musical ativo que instrumentalizaram os participantes para a criação musical.

No início das intervenções, houve a tendência em realizar a tarefa solicitada para criar musicalmente com alteração de timbres, conforme o estudo realizado por Piekarski (2014) e referido na introdução.

Cabe esclarecer que os participantes tiveram à disposição o acervo pessoal de instrumentos musicais da pesquisadora no decorrer de todas as intervenções. Isso possibilitou uma diversidade de sons no manuseio dos instrumentos musicais, na aprendizagem de técnicas de execução, o que significa que os participantes não foram somente observadores, mas ativos na execução musical. A mediação da pesquisadora na realização das atividades musicais contribuiu e pode entender as possibilidades do fazer musical das crianças com deficiência intelectual. Com isso, as ações espontâneas que envolvem o explorar, a observação, que fazem parte do desenvolvimento natural da criança não se desvincularam do desenvolvimento provocado pela educação, conforme a indicação de Vigotski (2004).

Também, a perspectiva explicativa proposta por Vigotski (2014) possibilita afirmar que a experimentação/execução de diferentes objetos sonoros e instrumentos musicais mune a criança com novos elementos e tornará possível seu uso em atividades de criação musical, porque nos processos criativos esses elementos são extraídos da realidade.

Foi verificado em situações de aprendizagem musical mediada que os processos criativos podem ser desencadeados por meio da interação entre os pares, indo ao encontro da afirmação de Vigotski (1997). Isso foi verificado, em uma das vivências musicais desse tema, em que foi observado que um dos participantes interagiu com outro utilizando-se da mesma técnica de execução do pandeiro e acrescentou quatro sons, alterando a estrutura de uma parlenda. A proposta da atividade era individual e o participante que possibilitou essa análise não havia realizado acréscimo de sons, nem acrescentado recursos musicais ou modificado algum elemento da música, quando realizou sua tarefa, entretanto o fez, em sua interação com o outro.

Constatou-se que uma participante que demonstrou comportamento de liderança no decorrer das intervenções teve seus processos criativos musicais desencadeados na sua interação com seus pares. Sua liderança, independência e determinação colaboraram para a realização das atividades criativas que a desafiavam e aos seus colegas em diversas situações. Hickey (2013 *apud* WEBSTER, 2016b) corrobora com essa constatação, quando afirma que a criatividade pode ser impulsionada pelas características pessoais como o talento e a personalidade.

Em atividades diversas, os participantes evidenciaram a necessidade de efetuar várias vezes as mesmas atividades que envolviam o fazer musical, tanto individualmente quanto em grupo com a mediação da pesquisadora para que pudessem ter maior precisão rítmica, quanto melódica, com intensa mediação na afinação, na dinâmica, no andamento.

Os estudos de Leontiev (2004) justificam essas situações, indicando que a criança com deficiência intelectual precisa de mais tempo para a execução de tarefas exteriores com o suporte do professor, para que faça de maneira autônoma numa etapa posterior. A deficiência intelectual interfere na memorização e no desenvolvimento de cada pessoa de modo particular (VIGOTSKI, 1997). Assim, as condições biológicas e cognitivas individuais da criança com deficiência intelectual aliadas às práticas pedagógico-musicais, sob mediação do professor que se utiliza de recursos, de estratégias e de adequações metodológicas, podem apurar as habilidades musicais que possibilitam a realização de atividades desencadeadoras de processos criativos.

No tema processos criativos musicais e o fazer musical espontâneo, foi possível identificar o fazer musical espontâneo dos participantes, sem a orientação ou condução da pesquisadora. Verificou-se durante o manuseio dos instrumentos musicais que, mesmo sem uma orientação, alguns participantes executavam sequências rítmicas precisas, cada um ao seu modo, com variações de andamento, alterando inclusive a forma de execução. Os participantes foram autônomos nessas vivências musicais que a perspectiva vigotskiana aponta os possíveis avanços para o desenvolvimento imediato, que poderão acontecer com a mediação de adultos e de seus pares. A relevância desses dados, em conformidade com o arcabouço teórico desta pesquisa, está na escola que deve propiciar as condições possíveis para o desenvolvimento das potencialidades de seus estudantes, sem se restringir às limitações decorrentes da deficiência. Também, há que se considerar que a deficiência motora nem sempre está associada à deficiência intelectual, cabendo ao professor se utilizar de formas de desenvolver as técnicas de execução instrumental considerando as características cognitivas e as potencialidades de seu estudante.

Também se verificou na realização de sequências rítmicas espontâneas de alguns participantes que as propostas que eram realizadas pela pesquisadora no momento com os demais integrantes do grupo não interferiam em seus processos criativos. Os estudantes ficavam muito concentrados nas suas execuções musicais, o que permite afirmar que a atenção voluntária destes participantes era focada no fazer musical. Esse dado corrobora com os estudos de Vigotski (1997), sobre o desenvolvimento da criança com deficiência intelectual ser singular. A atenção voluntária pode ser comprometida pela deficiência intelectual (VYGOTSKI, 1997). Entretanto, nas situações musicais citadas, a deficiência intelectual não interveio na atenção voluntária e não impediu o desenrolar dos processos criativos.

A dificuldade psicomotora de alguns participantes interferiu na execução musical, o que não os impossibilitou de realizá-la. Vigotski (1997) esclarece que a dificuldade é sentida pela criança com deficiência intelectual, porém ela não tem a consciência de que é deficiente. Diversas vezes, a dificuldade psicomotora não interferiu no desencadeamento dos processos criativos.

Foi verificado que a atividade vocal espontânea aconteceu durante a realização cotidiana da rotina escolar, como na distribuição de agendas dos estudantes no final do período escolar ou ao pedirem algo para a pesquisadora. Em uma dessas ocasiões, um dos participantes cantou a letra "a" em uma sequência de três sons que foi do grave para o agudo, enquanto guardava um xilofone. Na mesma intervenção, foram realizadas atividades vocais que o incitaram a realizar novas experimentações. O

PESQUISAS EM COGNIÇÃO E EDUCAÇÃO MUSICAL: ALGUMAS ABORDAGENS

estudante não havia participado de momentos educacionais anteriores que envolvessem técnica vocal, escalas, intervalos, vocalizes e solfejos que possibilitassem sua experimentação vocal com um intervalo de terça simples como a realizada. Ele não reproduziu as atividades realizadas durante a intervenção. Pode-se afirmar que as experiências vocais realizadas com a pesquisadora utilizaram de recursos visuais como uma escada desenhada no quadro e cada degrau era uma nota musical, o uso do manosolfa e o canto de uma música que envolveu uma escala subsidiaram os processos criativos do participante.

Em outra ocasião, no decorrer da sétima intervenção, portanto, com maior número de aulas de música, um dos participantes cantou espontaneamente um ostinato melódico, utilizou-se de *staccati* em todas as notas, pausas e realizou um decrescendo nas duas últimas notas. Nesse ostinato, o menino se utilizou do que experienciou nesse dia e em aulas anteriores e sua criação se adequava como arranjo para duas vozes para a melodia da canção do repertório trabalhado. Verificou-se em seus processos criativos anteriores a menor existência de conteúdos musicais que não tinham sido trabalhados ou não foram realizados o suficiente para que ele se apropriasse e fossem mobilizados em seus processos criativos.

Essa vivência musical possibilita dizer que as atividades musicais realizadas anteriormente por meio de metodologias ativas impulsionaram os processos criativos do participante, pois realizou combinações de elementos e recursos musicais que se apropriou durante suas vivências. Isso posto, pode-se apoiar em Vigotski (2014), que afirma que a atividade criativa combinatória se manifesta pouco a pouco, desenvolve-se partindo de formas simples progredindo para as mais complexas com características próprias.

Considerações finais

Nesta pesquisa, compreendeu-se os processos criativos musicais como os percursos realizados por estudantes com deficiência intelectual no decorrer de sua aprendizagem para a criação musical no contexto escolar. Entendeu-se como esses estudantes se apropriaram dos conteúdos musicais como técnicas de execução musical, elementos da música, repertório, entre outros, os usou em novas ideias musicais e para modificar uma estrutura já existente. Durante o desenrolar dos processos criativos dos estudantes com deficiência intelectual, constatou-se a intencionalidade no uso dos elementos da música.

O referencial teórico embasou os encaminhamentos pedagógico-
-musicais, o planejamento, as observações, os procedimentos pedagógicos,
o uso de recursos de recursos e estratégias para o desencadeamento dos
processos criativos musicais dos participantes, levando em conta as suas
particularidades, sem focar na deficiência intelectual, e sim nas suas capacidades cognitivas, físicas e motoras.

Com o decorrer das intervenções, constatou-se na participação ativa
dos participantes em vivências musicais a presença do comportamento que
cria e combina. Os estudantes se utilizaram de fragmentos aprendidos no
contexto da pesquisa para mostrar novas estruturas e ideias musicais.

O incentivo para a criação musical foi rotineiro. Construiu-se um
ambiente nas intervenções em que os estudantes foram envolvidos com a
intenção criativa durante o fazer musical, as experimentações e a escuta,
impulsionando-os para a criação musical. Levou-se em conta o conhecimento prévio e atentou-se aos limites no desenvolvimento cognitivo, sem
considerá-lo impeditivo para a realização das atividades.

Por fim, destacou-se sinteticamente algumas condições para o desencadeamento dos processos criativos do estudante com deficiência intelectual: a
mediação do professor e a interação entre as pessoas envolvidas no decorrer
da aprendizagem musical, o fazer musical ativo com a intenção criativa em
diferentes vivências cotidianamente, atentar-se para as ideias musicais dos
estudantes, respeitar as suas particularidades, realizar adequações metodológicas e utilizar recursos e estratégias sempre que necessário. Dessa forma,
será possível contribuir com a aprendizagem e desenvolvimento musical
que instrumentalizará a criança em seus processos criativos.

Referências

BEINEKE, V. Ensino musical criativo em atividades de composição na escola
básica. *Revista da ABEM*, Londrina, v. 23, n. 34, p. 42-57, jan./jun. 2015. Disponível em: http://abemeducacaomusical.com.br/revistas/revistaabem/index.php/
revistaabem/article/viewFile/531/441. Acesso em: 29 jul. 2023.

BRASIL. Constituição da República Federativa do Brasil de 1988. *Diário Oficial da
União*, Brasília, 5 out. 1988. Disponível em: https://www.planalto.gov.br/ccivil_03/
constituicao/constituicao.htm. Acesso em: 5 jun. 2023.

BRASIL. *Lei nº 7.853, de 24 de outubro de 1989*. Dispõe sobre o apoio às pessoas por-
tadoras de deficiência, sua integração social, sobre a Coordenadoria Nacional para

Integração da Pessoa Portadora de Deficiência - Corde, institui a tutela jurisdicional de interesses coletivos ou difusos dessas pessoas. Brasília, 1989. Disponível em: https://legislacao.presidencia.gov.br/atos/?tipo=LEI&numero=7853&ano=1989&ato=c71QTW61EeFpWT99f. Acesso em: 5 jun. 2023.

BRASIL. Lei nº 13.146, de 6 de julho de 2015. Institui a Lei Brasileira de Inclusão da Pessoa com Deficiência (Estatuto da Pessoa com Deficiência). *Diário Oficial da União*, Brasília, Seção 1, p. 2, 7 jul. 2013. Disponível em: https://www.planalto.gov.br/ccivil_03/_ato2015-2018/2015/lei/l13146.htm. Acesso em: 5 jun. 2023.

BRASIL. Lei nº 13.278, de 2 de maio de 2016. Altera o § 6º do art. 26 da Lei nº 9.394, de 20 de dezembro de 1996, que fixa as diretrizes e bases da educação nacional, referente ao ensino da arte. *Diário Oficial da União*, Brasília, p. 1, 3 jun. 2016. Disponível em: https://www.planalto.gov.br/ccivil_03/_ato2015-2018/2016/lei/l13278.htm. Acesso em: 5 jun. 2023.

BRASIL. Ministério da Educação. *Base Nacional Comum Curricular*. 2018. Disponível em: http://basenacionalcomum.mec.gov.br/images/BNCCpublicacao.pdf. Acesso em: 22 jun. 2023.

BURNARD, P. Rethinking creative teaching and teaching as research: mapping the critical phases that mark times of change and choosing as learners and teachers of music. *Theory into Practice*, [*s. l.*], n. 3, v. 167, 2012. Disponível em: https://www.jstor.org/stable/23263358. Acesso em: 3 jul. 2023.

CONSELHO ESTADUAL DE EDUCAÇÃO DO PARANÁ. Deliberação n.º 02/03, de 2 de junho de 2003. *Normas para a Educação Especial, modalidade da Educação Básica para alunos com necessidades educacionais especiais, no Sistema de Ensino do Estado do Paraná.* Curitiba, 2 de jun. 2003. Disponível em: http://celepar7cta.pr.gov.br/seed/deliberacoes.nsf/7b2a997ca37239c3032569ed005fb978/93946370948cd-82903256d5700606b9e?OpenDocument. Acesso em: 22 jun. 2023.

CONSELHO ESTADUAL DE EDUCAÇÃO DO PARANÁ. *Deliberação n.º 02/03, de 02 de junho de 2003. Normas para a Educação Especial, modalidade da Educação Básica para alunos com necessidades educacionais especiais, no Sistema de Ensino do Estado do Paraná.* Curitiba, 2 de jun. 2003. Disponível em: http://celepar7cta.pr.gov.br/seed/deliberacoes.nsf/7b2a997ca37239c3032569ed005fb978/93946370948cd-82903256d5700606b9e?OpenDocument. Acesso em: 22 jun. 2023.

CRAFT, A. *et al.* Developing Creative Learning through Possibility Thinking with children aged 3-7. *In:* CRAFT, A.; CREMIN, T.; BURNARD, P. (ed.). *Creative Learning*. Londres: Trentham, 2007. p. 3-11.

CRESWELL, J. W. *Investigação qualitativa de projeto de pesquisa*: escolhendo entre cinco abordagens. Tradução de Sandra Mallmann da Rosa. 3. ed. Porto Alegre: Penso, 2014.

CURITIBA. Secretaria Municipal da Educação. *Diretrizes Curriculares para a Educação Municipal de Curitiba*. 2. ed. Curitiba, 2006. v. 3 e 4.

CURITIBA. *Classes Especiais*. 2022. Disponível em: http://www.educacao.curitiba.pr.gov.br/conteudo/classes-especiais/3794. Acesso em: 22 jun. 2023.

FERRAZ, G. Heitor Villa-Lobos e o canto orfeônico: o nacionalismo na educação musical. *In:* MATEIRO, T.; ILARI, B. (org.). *Pedagogias Brasileiras em Educação Musical*. Curitiba: InterSaberes, 2016. p. 27-60.

FIGUEIREDO, S. L. F. *A educação musical do século XX*: os métodos Tradicionais. Música na escola. São Paulo: Alucci Associados Comunicações, 2012. p. 85-87. Disponível em: http://www.amusicanaescola.com.br/pdf/Sergio_Luiz_Figueiredo.pdf. Acesso em: 3 jul. 2023.

FONTERRADA, M. T. de O. A música em tempos de mudança – reflexão acerca de seu papel na educação. *Revista Reflexão e Ação,* Santa Cruz do Sul, v. 22, n. 1, p. 18-31, jan./jun. 2014. Disponível em: http://online.unisc.br/seer/index.php/reflex/index. Acesso em: 6 abr. 2018.

GAINZA, V. H. Educación musical siglo XXI: problemáticas contemporâneas. *Revista da Abem*, [s. l.], v. 19, n. 25, p. 11-18, jan./jun. 2011.

ILARI, B. *Música na infância e na adolescência*: um livro para pais, professores e aficionados. Curitiba: Ibpex, 2009.

JEFFREY, B.; WOODS, P. *Creative learning in the Primary School*. London: Routledge, 2009.

LEONTIEV, A. N. *O desenvolvimento do psiquismo*. 2. ed. Tradução de Rubens Eduardo Frias. São Paulo: Centauro, 2004.

LOIZOS, P. Vídeo, filmes e fotografias como documentos de pesquisa. *In:* BAUER, M. W; GASKELL, G. (org.). *Pesquisa Qualitativa com texto, imagem e som*: um manual prático. 9. ed. Petrópolis: Vozes, 2011, p. 137-185.

MARIANI, S. Émile Jaques-Dalcroze: a música e o movimento. *In:* MATEIRO, T.; ILARI, B. (org.). *Pedagogias em Educação Musical*. Curitiba: Ibpex, 2011. p. 25-54.

PAN, M. A. G. de S. *O direito à diferença*: uma reflexão sobre deficiência intelectual e educação inclusiva. Curitiba: Ibpex, 2008.

PENNA, M. A função dos métodos e o papel do professor: em questão, "como" ensinara música. *In:* MATEIRO, T.; ILARI, B. (org.). *Pedagogias em Educação Musical.* Curitiba: Ibpex, 2011. p. 13 – 24.

PIEKARSKI, T. C. T. P. *A aprendizagem musical do estudante com deficiência intelectual em contexto de inclusão.* 2014. 174f. Dissertação (Mestrado em Música) – Programa de Pós-Graduação em Música, Universidade Federal do Paraná, Curitiba, 2014. Disponível em: https://acervodigital.ufpr.br/handle/1884/45440. Acesso em: 11 jul. 2023.

PIEKARSKI, T. C. T. P. *Processos criativos musicais do estudante com deficiência Intelectual no contexto escolar.* 2020. 286f. Tese (Doutorado em Música) – Programa de Pós-Graduação em Música, Universidade Federal do Paraná, Curitiba, 2020. Disponível em: https://acervodigital.ufpr.br/handle/1884/69955. Acesso em: 11 jul. 2023.

ROMANELLI, G. G. B. *A música que soa na escola*: estudo etnográfico nas séries iniciais do ensino fundamental. 2009. 213 f. Tese (Doutorado em Educação) – Programa de Pós-Graduação em Educação, Universidade Federal do Paraná, Curitiba, 2009. Disponível em: http://www.ppge.ufpr.br/teses/D09_romanelli. pdf. Acesso em: 21 ago. 2013.

SASSAKI, R. K. Paradigma da Inclusão e suas Implicações Educacionais. *Revista Fórum*, v. 5, p. 9-18, 2002. Disponível em: https://seer.ines.gov.br/index.php/revista-forum/article/view/1129/1130. Acesso em: 1 jun. 2023.

ROSE, D. Análise de imagens em movimento. *In:* BAUER, M. W.; GASKELL, G. (org.). *Pesquisa Qualitativa com texto, imagem e som*: um manual prático. 9. ed. Petrópolis: Vozes, 2011.

UNESCO. Declaração de Salamanca, sobre princípios, políticas, e práticas na área das necessidades educativas especiais. *Conferência Mundial sobre Necessidades Educativas Especiais*: Acesso e Qualidade, Salamanca, 1994. Disponível em: https://unesdoc.unesco.org/ark:/48223/pf0000139394?posInSet=1&queryId=N-EXPLO-RE-755cb175-22f2-4768-939b-f9740bd1222c. Acesso em: 5 jun. 2023.

VIGOTSKI, L. S. *Teoria e método em Psicologia*. 3. ed. Tradução de Claudia Berliner. São Paulo: Martins Fontes, 2004.

VIGOTSKI, L. S. *Psicologia Pedagógica*. 3. ed. Tradução de Paulo Bezerra. São Paulo: Martins Fontes, 2010.

VIGOTSKI, L. S. *Imaginação e criatividade na infância.* Tradução de João Pedro Fróis. São Paulo: WMF Martins Fontes, 2014.

VYGOTSKI, L. S. *Obras Escogidas V*: fundamentos de defectologia. Tradução de Julio Guillermo Blank. Madrid: Visor, 1997.

WEBSTER, P. R. Pathways to the study of music composition by preschool to pre-college students. *In:* HALLAN, S.; CROSS, I.; THAUT, M. (ed.). *The Oxford Handbook of Music Psychology.* 2. ed. Oxford: Oxford University Press, 2016a. p. 681-707.

WEBSTER, P. R. *Creative Thinking in Music, Twenty-Five Years On.* 2016b. Disponível em: http://journals.sagepub.com/doi/abs/10.1177/0027432115623841. Acesso em: 5 jun. 2023.

LEITURA MUSICAL À PRIMEIRA VISTA EM CURSOS DE GRADUAÇÃO EM MÚSICA DO SUL DO BRASIL: UM ESTUDO SOBRE PROCESSOS DE ENSINO/APRENDIZAGEM

Alexandre Muratore Gonçalves
Rosane Cardoso de Araújo

Aquele que se preocupa com os efeitos da sua ação
modifica-a para melhor atingir seus objetivos.
(PERRENOUD, 2008, p. 78)

A leitura à primeira vista — LMPV — é uma habilidade comum na atividade de músicos pertencentes a culturas que utilizam partitura em sua prática musical. Os pianistas profissionais, por exemplo, geralmente leem à primeira vista em atividades colaborativas nas quais acompanham outros músicos ou grupos de músicos (cantores, duos, trios, quartetos etc); instrumentistas de cordas e sopros durante os ensaios em conjunto (bandas, orquestras etc) (QI; ADACHI, 2022). Os professores frequentemente leem à primeira vista um vasto repertório, a título de consulta, para determinar quais peças são apropriadas para seus alunos ou para demonstrá-las aos seus alunos. Já os alunos podem ser vistos requerendo essa habilidade em diversas situações, como um componente processual da aprendizagem do repertório, ou em situações competitivas, como festivais ou concursos (WRISTEN; EVANS; ESTERGIOU, 2006). Portanto, o estudo dessa habilidade foi delimitado com foco na leitura da grafia musical tradicional, escrita em pentagrama.

No universo da performance musical, a habilidade da LMPV é uma habilidade requerida com muita frequência (HERRERO; CARRIEDO, 2019). No Brasil, a habilidade da LMPV é exigida em diversos contextos, como em concursos, provas de habilidades específicas em vestibulares e testes para orquestras. A partir dessa realidade, este estudo, desenvolvido em 2018, buscou lançar um olhar integrativo e sistêmico sobre essa habilidade, buscando compreendê-la sobre três pontos de vista: o do aprendizado, o do ensino e o entendimento dessa habilidade a partir da perspectiva de músicos proficientes em LMPV. O estudo sobre os processos de ensino-aprendizagem ocorreu em IES brasileiras, naquelas em que a disciplina de LMPV era parte integrante da grade curricular dos cursos de graduação em Música (bacharelado e/ou licenciatura).

A partir da observação empírica de que alunos de graduação em Música se sentiam incapazes de realizar uma LMPV com desenvoltura, buscou-se na Teoria Social Cognitiva (BANDURA, 1986, 1997) um suporte teórico para compreender as relações de ensino e aprendizagem da LMPV que poderiam ampliar os níveis de motivação e crenças de autoeficácia dos alunos. Por meio desse entendimento, surgiu a hipótese de que é possível favorecer a aprendizagem ou aquisição dessa habilidade, fortalecendo e ampliando os níveis das crenças de autoeficácia dos alunos a partir de estratégias autorregulatórias. Derivaram da hipótese algumas questões: podem as crenças de autoeficácia influenciar o resultado da aprendizagem e a execução de uma leitura à primeira vista? Os processos autorregulatórios, responsáveis por organizar o estudo, podem favorecer a aprendizagem da LMPV e aumentar as crenças de autoeficácia? Como professores podem colaborar para a ampliação dessas crenças em seus alunos? Qual o caminho de aprendizagem foi trilhado por um *expert* nessa habilidade? Esse caminho pode replicado por qualquer estudante que deseja ser proficiente na LMPV? Com esses questionamentos, buscou-se investigar o processo ensino/aprendizagem da Leitura Musical à Primeira Vista em cursos de Música de universidades brasileiras da região sul, à luz da Teoria Social Cognitiva, de Albert Bandura, especificamente por meio do estudo das crenças de autoeficácia dos participantes. Nessa direção, foi realizado inicialmente um levantamento das universidades brasileiras públicas e privadas que ofertavam a disciplina de LMPV em seus cursos de graduação. Na sequência, foram preparados questionários para os três grupos estudados — alunos, professores e músicos proficientes em LMPV —, buscando-se compreender como as crenças de autoeficácia e os processos autorregulatórios (constructos da Teoria Social Cognitiva) interagem no processo ensino/aprendizagem da LMPV, facilitando sua compreensão e conscientizando os músicos, direcionando-os à possíveis ações para otimização dessa prática musical.

A Teoria Social Cognitiva

A Teoria Social Cognitiva, desenvolvida pelo psicólogo canadense Albert Bandura (1986, 1997), postula ao conceito de reciprocidade triádica, isto é, uma processo cíclico existente entre sujeito/ambiente/comportamento, que envolve o indivíduo em suas ações, identificando que esse possui capacidades que o auxiliam a direcionar sua vida, fazer escolhas, antecipar resultados, avaliar e replanejar cursos de ação. Logo, para alcançar êxito em suas ações, o sujeito necessita julgar-se capaz, antecipar os prováveis efeitos consequentes de seus planos de ação, regulando seu comportamento. Como elucida Frigeri (2019, p. 42), a Teoria Social Cognitiva, desenvolvida por Bandura (1986), é "denominada 'social' porque estuda a formação e a modificação de comportamento de um indivíduo nas interações sociais, ou seja, leva em conta fatores ambientais e 'cognitivos' porque lida com processos mentais de aquisição de conhecimento". Compartilhando desse entendimento, este estudo compreendeu o aluno como um agente do seu aprendizado, dirigindo e reagindo sobre seu comportamento diante do próprio processo de aprendizagem.

Em uma performance de LMPV, ocorre uma direta e recíproca "interação entre sujeito (fatores pessoais - cognições e afetos)" com as "circunstâncias ou variáveis do ambiente e ações ou comportamento" (CAVALCANTI, 2009 p. 18). Pode-se inferir também que essa interação fica ainda mais evidente nos processos de ensino/aprendizagem da disciplina de LMPV. Esses fatores observados na relação sujeito/ambiente/comportamento/aprendizagem permitiram a aproximação deste estudo à Teoria Social Cognitiva.

A teoria sociocognitiva de Bandura acredita que "os indivíduos possuem autocrenças que lhes possibilitam exercer certo grau de controle sobre seus pensamentos, sentimentos e ações" (PAJARES; OLAZ, 2008, p. 99). Músicos, especialmente em estágio de aprendizagem — tanto quanto qualquer outro aprendiz —, frequentemente podem se questionar sobre suas reais capacidades para realizar tarefas musicais. Quando questionam suas capacidades, questionam-se sobre as suas crenças de autoeficácia diante daquela atividade. Nesse momento, o grau de interesse nas tarefas musicais, seu comprometimento com o estudo e suas aspirações podem ser diretamente afetadas (CAVALCANTI, 2009). A crença de autoeficácia pode ser definida como o "julgamento que o indivíduo faz sobre suas capacidades para executar cursos de ação necessários para alcançar certos tipos de desempenho" (BANDURA, 1986, p. 391).

Para Bandura (1997, p. 80), as crenças de autoeficácia são nutridas por quatro fontes principais: a) as experiências vicárias, que são as ações de observar o colega proficiente, imaginando que ao se envolver em atividades semelhantes alcançará resultados satisfatórios — aumentando suas crenças de autoeficácia; b) a persuasão verbal, que diz respeito aos efeitos psicológicos despertados pelos elogios ou críticas, positivas ou não; c) a experiência de êxito, que refere-se aos efeitos psicológicos despertos pelo êxito na realização de tarefas, onde o aluno torna-se seguro gradativamente e aumenta a sua crença de autoeficácia; d) os aspectos fisiológicos e afetivos, que são estados psicológicos e corporais que dirigem e agem a partir dos julgamentos sobre suas capacidades. Um exemplo prático da influência dos aspectos fisiológicos e afetivos é o nervosismo pré-performance frente ao professor. Muitas vezes, esse sentimento paralisa o aluno e superar ou controlar esse nervosismo aumentarão sua crença de autoeficácia. Caso contrário, a mente registra na memória as sensações consequentes desse nervosismo, ativando-as em ações futuras semelhantes[29].

A interação entre as quatro fontes que nutrem a autoeficácia converge para o desenvolvimento de um ensino/aprendizagem mais motivador e enriquecedor. Desse entendimento, surgiram vários estudos sobre motivação na aprendizagem musical, como os trabalhos de O'Neill e McPherson (2002), Austin *et al.* (2006), Cavalcanti (2009), Cereser (2011), Silva (2012), Araújo (2015), Gonçalves (2018), Derriça (2020), dentre outros. Esses trabalhos entendem que a motivação é um elemento psicológico representado por um desejo que faz o indivíduo agir, direcionando o comportamento humano, que pode ser incentivado por motivos internos (necessidades, cognições, emoções) e por eventos externos (ambiente).

Paralela e complementarmente está o discurso dos processos autorregulatórios, que "referem-se aos pensamentos, sentimentos e ações aplicadas para atingir objetivos específicos" (POLYDORO; AZZI, 2008 p. 47). Em outras palavras, quais estratégias ou ferramentas — cognitivas e/ou práticas — o indivíduo escolhe e utiliza para atingir seus objetivos. A autorregulação é a capacidade do indivíduo organizar sua aprendizagem e requer estratégias cognitivas que gerenciem as atividades realizadas. Possui três fases cíclicas: a antecedente que prevê a definição de metas, escolha e planejamento de estratégias; a de controle do desempenho, que envolve concentração, autoinstrução, auto-observação e automonitoramento; e a fase de autorreflexão, que envolve autoavaliação, autorreação e adaptação.

---

[29] A fixação de elementos cinestésicos na memória neural é recurso natural de sobrevivência do organismo humano (FRANCESCHINI, 2021). Essas memórias podem, além de ser acessadas conscientemente de diversas formas, serem armazenadas como um trauma ou um recurso positivo. Uma vez armazenadas como recursos positivos, essas sensações e/ou emoções podem se tornar recursos saudáveis quando acessados em momentos oportunos, ampliando a qualidade de uma performance, como o de uma LMPV.

Tanto do ponto de vista do professor quanto do ponto de vista do aluno, a teoria social cognitiva inclui a observação dos aspectos inerentes ao processo de ensino/aprendizagem da leitura à primeira vista de forma ampla. Pois, se ocorre um julgamento sobre a capacidade de agir e realizar a tarefa de ler um trecho musical à primeira vista e esse julgamento pode contribuir ou arruinar uma aprendizagem adequada, é ideal que aluno e professor tenham condições de orientar reflexivamente esse julgamento, para que o aprendizado seja efetivo e duradouro.

A Leitura Musical à Primeira Vista

A LMPV pode ser considerada uma das etapas principais e base fundamental do preparo de qualquer repertório, permitindo que o instrumentista, a partir dessa primeira leitura, crie não só a compreensão da obra, como estabeleça critérios e escolhas interpretativas, estilísticas e técnicas (SILVA, 2020). A habilidade de ler música à primeira vista tem sido exigida em muitos testes e concursos para ingresso em escolas ou outras instituições (FIREMAN, 2010). Concomitante a isso, atualmente, músicos de estúdio e acompanhadores devem ser capazes de ler à primeira vista, assim como muitos músicos de orquestra, que continuam a realizar essa tarefa regularmente ao longo dos séculos.

Os trabalhos de Thompson e Lehmann (2004) e Lehmann e Kopiez (2008) consideram haver diferença entre uma execução e uma leitura à primeira vista. Nessa lógica, pode haver tanto a leitura sem a produção de som quanto um curto treino preliminar. Para tanto, neste estudo, assumiu-se o conceito de LMPV como sendo a primeira execução instrumental ou vocal que ocorre simultaneamente com a leitura visual de uma obra desconhecida, sem preparação prévia.

A literatura sobre esse tema[30] reconhece três aspectos cognitivos envolvidos durante uma LMPV: 1) o aspecto cognitivo/perceptivo (aural): referente à resposta ocular (sacadas) versus experiência musical prévia; 2) o aspecto motor: como o conjunto de movimentos *versus* audição interna, experiência prática e idade; e 3) o aspecto mnemônico: referente ao reco-

---

[30] Para revisão, ver os trabalhos de Sloboda (1974a, 1974b, 1977), Banton (1995), Furneaux e Land (1999), Lehmann e McArthur (2002), Gabrielsson (2003), Wristen (2005), Buscher (2009), Lehmann e Kopiez (2008), Zuhkov (2014), Montañés (2016); no Brasil, as pesquisas de Pastorini (2016); Fireman (2008;2010), Risarto (2010), Muniz (2010), Costa (2011), Unglaub (2011), Arôxa (2013), Silva e Barros (2014), Goldenberg (2015), Ruivo (2015), Seara (2015), Gonçalves e Araújo (2016) e Rocha (2017).

nhecimento de padrões musicais, relacionando-os com os padrões aurais e motores. Percebe-se, portanto, que existe uma relação entre o nível geral de habilidades musicais e a capacidade de leitura, como já verificado por Lehman e Ericsson, em 1993. No entanto, em seu estudo com diferentes instrumentistas, McPherson (1994) descobriu que essa generalização não é verdadeira durante os primeiros estágios de aprendizagem de um instrumento, visto que nesse período as sequências motoras mais básicas necessárias para tocar o instrumento ainda estão sendo estabelecidas. É necessário que um certo nível de domínio técnico no instrumento seja alcançado para que os instrumentistas possam ler à primeira vista.

Para pianistas, por exemplo, há o entendimento de que as demandas básicas de programação motora são altas, uma vez que ambas as mãos estão ativamente envolvidas e devem ser coordenadas durante a execução. Nos primeiros anos de estudo musical, a LMPV pode consistir apenas em tocar padrões rítmicos ou em tocar melodias de uma única linha com a mão direita ou a mão esquerda. Nessa direção, Gabrielsson (2003) salienta que as primeiras pesquisas sobre leitura à primeira vista investigaram "[...] a percepção de padrões na partitura, o intervalo entre a fixação ocular e o movimento da mão, os movimentos dos olhos, e processos envolvidos na leitura à primeira vista comparados aos processos na memorização de música [...]" (GABRIELSSON, 2003, p. 243)[31]. Os estudos cognitivos sobre a leitura visual até o momento se concentraram principalmente na determinação dos processos internos que os músicos proficientes em LMPV utilizam, quando comparados a músicos menos proficientes ou menos experientes nessa tarefa. Estudos cognitivos/perceptivos abordaram o trabalho de processamento realizado pelo cérebro durante a LMPV, ao invés de examinar os resultados físicos (ou seja, a execução da tarefa). Em outras palavras, o movimento físico é, nesses estudos, tipicamente um fator secundário, na medida em que evidencia o trabalho interno feito pelo cérebro.

Para decifrar uma partitura pela primeira vez, o executante deve reconhecer os padrões musicais, gerar um plano de performance amplo, a fim de gerenciá-la como um todo e aprender a antecipar como a música continua (LEHMANN; ERICSSON, 1996). Ao reconhecer esses padrões, entende-se que a LMPV envolve vários elementos musicais que ocorrem simultaneamente (ritmo, melodia, dinâmica etc.), que, de acordo com as características de cada repertório, pode exigir do leitor um maior domínio

---

[31] "Earlier studies of sight-reading investigate sight-reader's perception of patterns in score ('chunking'), the eye-hand span, eye movements and processes involved in sight-reading compared to processes in memorization of music".

de leitura sobre um ou outro elemento. A partir disso, Lehmann e Ericsson (1996) destacam os elementos básicos que devem ser atendidos durante a execução de uma LMPV incluem: a) ritmo (métrica, duração, padrões, acentuação); b) melodia (altura, direção, movimento [por exemplo, saltos versus graus conjuntos], padrões); c) harmonia (estrutura e progressões de acordes); e d) contexto (articulação, indicações expressivas, estrutura e forma musical). A forma como esses elementos básicos são combinados e interagem dentro de uma partitura musical contribui para caracterizar a complexidade da tarefa de ler à primeira vista. Há também pistas mais sutis embutidas na música que, de acordo com a experiência e *expertise* musical do instrumentista, podem ou não ser traduzidas na performance da leitura. Alguns exemplos dessas pistas sutis incluem — mas certamente não se limitam a — manter um bom equilíbrio entre melodia e harmonia, usando o pedal, e tocando de acordo com os princípios estilísticos da peça. Além de perceber e decodificar aspectos da partitura, leitores proficientes antecipam problemas ao mesmo tempo que observam as indicações musicais e avaliam a sua leitura para corrigir o desempenho, conforme necessário (MCPHERSON, 1994).

Todas essas demandas cognitivas e físicas são dirigidas pela — talvez — restrição mais rigorosa da tarefa de ler à primeira vista: a continuidade ou a capacidade de executar em "tempo real" sem parar para decifrar o texto musical ou corrigir erros (WRISTEN, 2005). A manutenção de um pulso rítmico contínuo é primordial. Os músicos devem continuar tocando durante a leitura, mesmo que eles executem notações incorretamente. Uma vez entendido que a qualidade do desempenho de uma ação realizada por um sujeito depende (além dos aspectos motores inerentes a ela) também de aspectos psicológicos e que estes influenciam diretamente na qualidade de execução dessa ação e, consequentemente, no seu resultado, buscou-se observar essas variáveis conjuntamente.

Procedimentos metodológicos e apresentação dos resultados

O estudo foi dividido em cinco etapas, nas quais foi possível mapear o contexto de ensino da LMPV nas IES brasileiras da Região Sul. Foram utilizadas quatro *surveys* para coleta dos dados. Na *primeira etapa*, foi realizado o pré-levantamento de dados tendo como fonte o site do Ministério da Educação e Cultura, no qual foi possível conferir os dados sobre sites dos departamentos específicos de Música, de IES brasileiras. Dos dados obtidos, foi possível listar as universidades brasileiras, dentre públicas e privadas com cursos de graduação em Música (bacharelado e licenciatura), especificando quais continham a disciplina de LMPV em suas grades curriculares e a oferecia regularmente. Desse levantamento nacional, resultou que apenas 2 IES tinham a LMPV como disciplina curricular: a Universidade do Estado de Santa Catarina (Udesc)[32], que oferecia essa disciplina como optativa para os cursos de bacharelado e licenciatura em Música, e a Universidade Estadual do Paraná (Unespar)[33], que oferecia essa disciplina como obrigatória para os cursos de bacharelado em Música e optativa para os cursos de licenciatura em Música (ver Tabela 1).

Tabela 1 – IES brasileiras com Curso de Música até 2016

IES	**Total: 97**
(Graduação em Música: Lic./ Bach.)	Públicas: 58
	Privadas: 39
Somente licenciatura	Total: 51
Somente bacharelado	Total: 4
Com licenciatura e bacharelado	Total: 42
IES com LMPV como Disciplina	**Total: 2**
	(Udesc/Unespar)

Fonte: MEC e sites das universidades brasileiras (em 24/11/2016)

Desses dados, descobriu-se que, na ocasião da coleta de dados, tanto na universidade A quanto na B, apenas um professor em cada instituição era responsável por ministrar a disciplina de LMPV. Além disso, observou-se que os Projetos Político-Pedagógicos dos cursos de graduação em Música dessas instituições versavam sobre preparar o egresso para o mercado de trabalho sendo a LMPV uma habilidade exigida frequentemente como habilidade de domínio obrigatório de músicos profissionais.

Com base nos dados iniciais, realizou-se *na segunda etapa* da pesquisa mais três *surveys* (2A, 2B e 2C), um para cada grupo investigado: alunos, professores de LMPV e músicos *experts* em LMPV, como preparação para a coleta de dados. Foram elaborados e aplicados os questionários preliminares para alunos e professores de LMPV, buscando salientar os principais

---

[32] Denominada universidade A nesta pesquisa.

[33] Denominada universidade B nesta pesquisa.

desafios de ensino e aprendizagem dessa habilidade. A partir desse levantamento prévio, foram elaborados e aplicados os questionários piloto para cada grupo, com questões adaptadas de questionários já validados pela TSC. Os questionários aplicados aos três grupos foram divididos nas seguintes categorias (ver Tabela 2):

Tabela 2 – Descrição das categorias pesquisadas divididas por grupo

Grupo	Categorias
Experts	Dados Gerais – Aquisição de Leitura Musical – Motivação para Estudar – Crenças de Autoeficácia – Autorregulação
Alunos	Dados Grais – Aquisição de Leitura Musical – Motivação para Estudar – Crenças de Autoeficácia – Autorregulação – Avaliação da Disciplina
Professores	Dados Gerais – O Ensino de LMPV – Diversidade – Mudanças e Desafios – Duração da Aula

Fonte: dados da pesquisa (Gonçalves, 2018)

A segunda etapa da pesquisa foi dividida em duas fases. A primeira fase buscou compreender como professores e alunos compreendiam o ensino e aprendizagem da LMPV, considerando os desafios encontrados no cotidiano das aulas. Para tal, foi elaborado um questionário inicial denominado Depoimento Preliminar, no qual foram reunidas informações gerais sobre os processos de ensino e de aprendizagem do ponto de vista dos alunos e dos professores de LMPV. O formulário do Depoimento Preliminar trazia como cabeçalho uma breve descrição do objetivo ao qual se destinava esse questionário, seguido por três questões que identificavam: a) o curso que o respondente frequentava (alunos) ou para o qual ministrava LMPV (professores); b) quais eram os desafios encontrados durante a aprendizagem e durante o ensino de LMPV; c) quais desafios o aluno acreditava que o professor enfrentava para ensinar LMPV e quais desafios o professor acreditava que os alunos enfrentavam para aprender LMPV.

A segunda fase partiu dos dados obtidos na primeira fase e permitiu confirmar que professores e estudantes reconheciam as duas naturezas de desafio (de ensino e de aprendizagem). Além disso, foi possível estabelecer seis subcategorias de análise utilizadas para a elaboração do questionário piloto: motivação/autoeficácia (vicarismo, aspectos fisiológicos, êxito e persuasão verbal); autorregulação; avaliação; metodologia de ensino; tempo de aula; elementos musicais. Essas subcategorias nortearam a elaboração do questionário piloto que avaliou (a) a motivação geral e as crenças de autoeficácia de alunos; (b) os processos autorregulatórios; (c) os processos de autoavaliação de alunos e professores; (d) o impacto das metodologias de ensino; (e) a relação entre tempo de aula e aprendizagem; (f) os desafios de aprendizagem concernentes à tarefa de leitura à primeira vista.

Considerando as subcategorias que surgiram nos depoimentos preliminares, foi elaborado um questionário para cada grupo a ser estudado: os alunos, os professores de LMPV e *experts* em LMPV, que foi uma categoria de participantes formada por músicos profissionais, convidados a participar do estudo para corroborar com apresentar informações sobre suas práticas com a LMPV. O questionário final foi construído a partir dos dados levantados na fase anterior, somado às orientações propostas por Albert Bandura (2006), por meio da adaptação de questionários já validados pela teoria social cognitiva. Foram escolhidos os seguintes instrumentos: a Teacher Self-Efficacy Scale (TSES),[34] proposta por Bandura (2006), e a Norwegian Teacher Sense of Efficacy Scale (NTSES),[35] proposta por Skaalvik e Skaalvik (2007) como escalas de referência para a adaptação e elaboração do questionário destinado aos professores de LMPV. A tradução dessas duas escalas utilizada nesta pesquisa foi a proposta e validada por Cereser (2011). Foram escolhidas e adaptadas as questões do TSES e NTSES que mais se aproximavam aos desafios de ensino da LMPV apontados pelos dados encontrados no depoimento preliminar, adaptadas a este contexto de ensino/aprendizagem. Os três questionários, resultantes dessas adaptações e destinados aos alunos, professores e *experts*, foram estruturados igualmente em duas partes: a primeira contendo as informações pessoais e a segunda a escala propriamente dita.

O **questionário do aluno de LMPV** contém 58 questões e foi elaborado a partir do questionário do professor de LMPV, uma vez que entendo os processos de ensino/aprendizagem como mecanismos complementares e indissociáveis para alcançar um aprendizado completo. A escala utilizada para o questionário do aluno de LMPV foi denominada Escala de Autoeficácia do Aluno de LMPV e mede cinco dimensões das crenças de autoeficácia do aluno, também no contexto do ensino superior: aquisição de leitura musical,

---

[34] Disponível em: https://cpb-us-w2.wpmucdn.com/u.osu.edu/dist/2/5604/files/2014/09/Bandura-Instr-1sdm5sg.pdf.

[35] Disponível em: https://cpb-us-w2.wpmucdn.com/u.osu.edu/dist/2/5604/files/2018/04/TSES-scoring-z-ted8m-1s63pv8.pdf.

motivação para estudar, crenças de autoeficácia em atividades específicas, autorregulação, e avaliação da disciplina.

O **questionário do professor de LMPV** mescla questões de ambas as escalas (TSES e NTSES), envolvendo trinta questões. A escala utilizada para o questionário do professor de LMPV foi denominada Escala de Autoeficácia do Professor de LMPV e mede cinco dimensões das crenças de autoeficácia do professor no contexto do ensino superior: ensinar LMPV, gerenciar o comportamento dos alunos, motivar os alunos, considerar a diversidade de níveis de conhecimento musical e domínio instrumental dos alunos, lidar com mudanças e desafios.

O **questionário dos experts em LMPV** contém 43 questões. A escala utilizada para esse questionário foi denominada Escala de Autoeficácia dos Experts em LMPV, e mede quatro dimensões das crenças de autoeficácia do expert em LMPV: aquisição de leitura musical, motivação para estudar, crenças de autoeficácia para realizar atividades específicas de LMPV e autorregulação.

Excetuando-se as questões abertas, para a maior parte das questões, optou-se por utilizar uma escala de graduação do tipo Likert[36] de cinco pontos (1 – não me sinto motivado; 3 – sinto-me moderadamente motivado; 5 – sinto-me totalmente motivado). Cohen, Manion e Morrison (2007) sugerem que as escalas de 7 e 9 pontos, como as utilizadas na Norwegian Teacher Sense of Efficacy Scale (NTSES) e na Teacher Self-Efficacy Scale (TSES) envolvem um grau de detalhamento e precisão que pode ser inapropriado para os itens em questão, comprometendo a avaliação dos respondentes.

Após a seleção e adaptação das questões para o contexto de ensino-aprendizagem prática da LMPV foi organizado o *layout* dos questionários e definida a forma com que estes chegariam aos respondentes. Para isso, foi utilizado a ferramenta Google Forms, plataforma *online* que integra todos os processos para realização de *surveys*, desde a concepção do questionário até as análises qualitativas e quantitativas. Além disso, essa plataforma cria um link para cada questionário, que pode ser enviado aos respondentes por e-mail, ou quaisquer outros meios de comunicação virtual e podem ser respondidos em qualquer dispositivo com acesso à internet (tablets, smart-phones, notebooks ou PCs). Por essas facilidades oferecidas pela plataforma,

---

[36] A Escala Likert é um tipo de escala de resposta psicométrica usada habitualmente em questionários, e é a escala mais usada em pesquisas de opinião. Ao responderem a um questionário baseado nesta escala, os entrevistados especificam seu nível de concordância com uma afirmação. A Escala pode ser de 5 ou 10 pontos, sendo que a primeira permite poucas distinções, e quanto menos opções numéricas, menos hipóteses de respostas (LIKERT, 1932).

foi decidido utilizar a web para realizar a coleta de dados. Tal instrumento de avaliação subsidiou a sua aplicação na etapa seguinte.

Na *terceira etapa*, foi realizada a validação dos estudos piloto, onde foram analisados os resultados dos grupos menores (professores e experts), considerando a clareza e abrangência das questões, e submeteu-se o questionário dos alunos (aplicado a 22 participantes) ao teste estatístico Alfa de Cronbach[37], a fim de validar a coerência interna das questões. Pestana e Gageiro (2008) sugerem que o coeficiente Alfa de Cronbach pode ser considerado moderadamente confiável quando seu índice estiver entre 0,50 e 0,70, altamente confiável quando estiver entre 0,70 e 0,90 e extremamente confiável quando estiver acima de 0,90. Ao ser aplicado o teste, verificou-se que cada subescala do questionário obteve coeficiente superior a 0,90 no teste de Cronbach, demonstrando que o questionário possuía grande consistência interna.

Após a verificação de solidez dos questionários, deu-se início à *quarta etapa* da pesquisa, em que foi realizada a coleta definitiva de dados. Foram aplicados os questionários para: a) 2 professores, um de cada instituição participante da pesquisa; b) para 37 alunos, sendo 16 da Udesc e 21 da Unespar; c) para 7 *experts*, escolhidos a partir da indicação entre os próprios experts.

A amostra dos **professores** foi representada por 2 sujeitos, ambos bacharéis, com idades entre 40 e 50 anos, e que ministravam LMPV para estudantes de diferentes instrumentos musicais. O questionário dos professores envolveu 30 questões que avaliaram as crenças de autoeficácia para ensinar LMPV nas categorias mencionadas (ver Tabela 3). As dimensões de cada categoria mensuraram os níveis das autocrenças dos professores em uma escala Likert de 5 pontos, em que "1 representava não me sinto capaz" e "5 representava me sinto totalmente capaz". Os resultados demonstraram que os 2 professores possuíam altos níveis de crenças de autoeficácia para ensinar LMPV, uma vez que atribuíram graus 4 e 5 à maioria das dimensões pertinentes a planejar, criar e gerenciar atividades ou comportamentos dos alunos. No entanto, demonstraram que ensinar LMPV considerando

---

[37] Método estatístico que confere a consistência interna a um instrumento por validar, sendo que o valor do coeficiente de Cronbach aumenta quando as correlações item-total são elevadas (PESTANA; GAGEIRO, 2008). O coeficiente Alfa de Cronbach foi apresentado por Lee J. Cronbach, em 1951, como uma forma de estimar a confiabilidade de um questionário aplicado em uma pesquisa. Ele mede a correlação entre respostas em um questionário por meio da análise das respostas dadas pelos respondentes, apresentando uma correlação média entre as perguntas. O coeficiente alfa é calculado a partir da variância dos itens individuais e da variância da soma dos itens de um questionário que utilizem a mesma escala de medição (HORA; MONTEIRO; ARICA, 2010).

a "Diversidade dos alunos" e a "falta de um material didático de apoio", foram fatores que reduziram seus níveis de crença de autoeficácia para ensinar essa habilidade.

Tabela 3 – Descrição das Dimensões dos Dados Gerais por IES

Dimensões	UDESC	UNESPAR
Gênero	Masculino	Feminino
Idade	44 anos	47 anos
Qual seu instrumento	Viola	Piano
Qual sua formação	Bacharelado	Bacharelado
Qual sua maior titulação	Doutorado	Mestrado
Idade que iniciou os estudos musicais	7 anos	7 anos
Há quanto tempo ministra LMPV	3 anos	23 anos
Para qual cursos ministra LMPV	Bacharelado/licenciatura	Bacharelado
Para quais instrumentos ministra LMPV	Violino, viola, cello, piano e violão	Piano e canto

Fonte: dados da pesquisa (GONÇALVES, 2018)

A amostra dos **alunos** envolveu 37 sujeitos (16 da universidade A e 21 da universidade B), dos quais 35 cursavam bacharelado e 2 cursavam licenciatura em Música. O survey aplicado a esse grupo conteve 52 questões. Para as categorias Motivação e Crenças de Autoeficácia, foi aplicado o teste estatístico Anova, que, ao comparar as respostas de cada Instituição em relação à variação da Escala Likert, comprovou alto grau de semelhança entre as respostas coletadas nas duas instituições. Isso possibilitou a análise dos dados de forma agrupada, generalizando os resultados. Na categoria **motivação**, os resultados demonstraram que cerca de 83,7% (31) dos alunos sentiam-se motivados na maior parte do tempo para praticar LMPV, realizar tarefas em sala de aula e continuar praticando após a aula. Constatou-se também que 56,7% (21) dos alunos sentiam-se moderadamente motivados para praticar LMPV após a aula. As **Crenças autoeficácia** foram observadas em duas etapas: a primeira investigou os níveis dessas crenças em situações que envolviam a influência das fontes que nutrem a autoeficácia. Verificou-se uma redução nos níveis das crenças de autoeficácia para ler à 1ª vista, quando os alunos estavam em situação de "Prova" ou quando realizavam essa atividade diante do professor e colegas. A segunda etapa verificou os níveis das crenças de autoeficácia para ler à primeira vista acordes, polifonia, músicas em andamentos rápidos, ritmos sincopados ou complexos, notas em linhas suplementares, articulação, fraseado, dinâmicas e todos esses elementos simultaneamente. Os alunos perceberam-se menos capazes para ler à primeira vista trechos Polifônicos (81% - 30 alunos), músicas em andamentos rápidos (75,7% - 28 alunos) e quando liam todos os elementos, simultaneamente (75,7% - 28 alunos).

A categoria **Autorregulação**, processo que ocorre na fase de estudo, visando a aprendizagem, foi dividida nas 3 fases desse processo: planejamento, controle do desempenho e avaliação do desempenho. A 1ª fase investigou se o aluno refletia sobre o curso de ações que precisava tomar para atingir seus objetivos; se relembrava as orientações dadas pelo professor; se fazia uma análise prévia da partitura; e se realizava um estudo mental e silencioso antes de executá-la. Os resultados demonstraram que 23 alunos (62,16%) utilizavam quase sempre ou sempre (graus 4 e 5) essas estratégias nessa fase do estudo da LMPV. A 2ª fase investigou estratégias práticas durante a execução da LMPV, observando se o aluno utilizava o metrônomo durante a execução; se prestava atenção nos erros para corrigi-los posteriormente; se encontrava um bom lugar para estudar, longe de distrações; e se estabelecia um horário para estudar diariamente. Os resultados demonstraram que 86,5% (32 alunos) dos alunos raramente utilizavam o metrônomo durante o estudo de LMPV e 48,6% (18 alunos) raramente definiam um horário diário para a prática de LMPV. A 3ª fase investigou as crenças de autoeficácia dos alunos sobre a sua avaliação do desempenho e elementos motivadores que os mantinham focados em seus objetivos durante o tempo de estudo da LMPV. Envolveu questões como estudar sentindo-se cansado ou em dias e horários fora da rotina do aluno, identificar precisamente o que precisava melhorar e avaliar a performance da LMPV sem feedback externo. Os resultados mostraram que 97,3% (36 alunos) acreditavam ser mais dificultoso o estudo de LMPV quando estavam cansados, ansiosos ou com problemas de saúde; 72,9% (27 alunos) tinham maior dificuldade para estudar LMPV quando existiam outras atividades que julgam ser mais interessantes; e 64,9% (24 alunos) tinham dificuldade em identificar precisamente o que deviam melhorar, após a prática de LMPV.

Tabelas 4, 5 e 6 – Apresentação das dimensões da categoria Dados Gerais

GÊNERO			IDADE				GRADUAÇÃO		
	F	M		20-30	31-41	41-50		Bach.	Lic.
Univer. A	9	7	Univer. A	12	2	2	Univer. A	14	2
Univer. B	11	10	Univer. B	16	5	-	Univer. B	21	-

INSTRUMENTO	Piano	Canto	Cordas*	Violão	Flauta Transversal
Univer. A	7 (B)	1 (L)	7 (B)	-	1 (L)
Univer. B	5 (B)	14 (B)	-	1 (B)	-

TEMPO DE ESTUDO	Menos de 10 anos	De 11 a 15	De 16 a 20	De 21 a 25	Mais de 26 anos
Univer. A	7	3	8	2	2
Univer. B	1	4	8	2	-

* Cordas friccionadas (violino, viola e violoncelo; (B) bacharelado; (L) licenciatura

Fonte: dados da pesquisa (GONÇALVES, 2018).

O grupo dos **experts** contou com 7 sujeitos, sendo 4 pianistas, 2 violinistas e 1 flautista. Todos bacharéis, com idades entre 28 e 58 anos. A survey desse grupo envolveu 42 questões sobre as dimensões das categorias mencionadas. Todos os *experts* tinham mais de 15 anos de estudo, utilizavam essa habilidade profissionalmente e a praticavam com certa regularidade. Quando a praticavam, a duração média de prática entre os *experts* era de 1 hora de estudo. Desenvolveram suas habilidades de leitura musical a partir de estudos técnicos e de prática de repertório. Nas categorias Motivação e Crenças de Autoeficácia, todos os *experts* julgaram-se altamente motivados para praticar LMPV no cotidiano, assim como demonstraram altos níveis de crenças de autoeficácia para estudar e ler à primeira vista qualquer obra musical (graus 4 e 5 da escala). Ao investigar suas crenças de autoeficácia sobre a leitura de elementos musicais (acordes, polifonia, andamentos rápidos, grades orquestrais etc.), os resultados revelaram que os menores níveis dessas crenças nos *experts* foram para ler à primeira vista grades orquestrais (graus 3 e 4) e todos os elementos, conjuntamente. Julgaram-se capazes "na maior parte do tempo" (grau 4 da escala) para ler à primeira vista músicas em andamentos rápidos. A categoria autorregulação foi dividida de acordo com as três fases do processo autorregulatório. Na primeira fase, os resultados demonstraram que, dentre as estratégias listadas, os *experts* raramente (grau 1) utilizavam o metrônomo para estudo da LMPV e raramente estabeleciam um horário diário para essa prática. Durante a 2ª fase, os *experts* acreditavam ter muita facilidade (grau 5) para controlar seus pensamentos e para monitorar o estudo. Por outro lado, atribuíram um grau moderado de dificuldade (grau 3) para se manterem concentrados durante o estudo de LMPV, quando havia atividades mais interessantes ou atrativas ou quando eram afetados por problemas de saúde/afetivos (ansiedade, nervosismo etc.). Na 3ª fase autorregulatória, os *experts* acreditavam não ter nenhuma dificuldade para identificar precisamente em que precisavam melhorar, avaliar como foi a performance sem feedback externo e para avaliar a evolução da prática em LMPV. Certamente, o grau elevado das crenças de autoeficácia nessa 3ª fase colaborou para que os *experts* tenham alcançado o alto desempenho em LMPV que demonstravam, uma vez que a autorreação, segundo Polydoro e Azzi (2008), é viabilizada quando ocorre a auto-observação, seguida pelo autojulgamento.

Na *quinta etapa*, foi realizada a análise e discussões dos resultados obtidos, buscando evidenciar as relações da LMPV com as crenças de autoeficácia e os processos autorregulatórios envolvidos durante o processo de ensino/aprendizagem dessa habilidade. Ao observarmos os resultados das etapas anteriores, é possível perceber que os três grupos pesquisados foram capazes de reconhecer a importância do papel mediacional do professor de LMPV, seja por meio de um exemplo que pode servir de modelação para o aluno, seja a partir das relações afetivas que ele próprio estabelece com a tarefa de ler à primeira vista. Concordaram que a qualidade da persuasão verbal utilizada pelo professor, assim como qualquer outra fonte que nutre a autoeficácia, pode ter a força para aumentar ou reduzir os níveis de motivação do aluno para realizar ou se manter engajado na atividade de LMPV. Reforçaram a importância de reflexões mais aprofundadas sobre metodologias de ensino da LMPV e identificaram que, além de existir uma falta de clareza no planejamento das estratégias de estudo dessa habilidade, há também a necessidade de uma parcela indispensável de dedicação extraclasse. Apontaram ainda que há vantagens na prática e estudo da LMPV reconhecendo estruturas musicais maiores, ao invés de elementos isolados, e desconectados.

Conclusões

Com base no levantamento prévio que listou as IES que continham em sua grade curricular a disciplina de Leitura Musical à Primeira Vista, o recorte desta pesquisa se restringiu a duas instituições. Embora se entenda que a LMPV pode ser praticada como conteúdo em outras disciplinas tais como música de câmara, percepção musical, aulas coletivas de instrumento e ensaios, o ensino e aprendizagem dessa habilidade pode ser sistematizado como disciplina própria, visando o desenvolvimento de estratégias instrucionais dessa habilidade.

Os dados obtidos demonstraram que além dos aspectos perceptivos, motores e mnemônicos, existem também aspectos cognitivo-comportamentais, que interferem diretamente no desempenho da LMPV. Ansiedade, desencorajamento, desmotivação, crenças limitantes, disfunções neurofisiológicas são alguns aspectos psicológicos e influenciáveis que contribuem para um baixo desempenho na realização de uma LMPV. Consequentemente, esses aspectos interferirão no processo de ensino/aprendizagem, à medida que transformam ou até mesmo ressignificam as autocrenças do sujeito sobre suas capacidades de ler música à primeira vista.

Nessa direção, as crenças de autoeficácia foram observadas a partir das quatro fontes que as nutrem: a experiência vicária, a persuasão social, a experiência direta (de êxito) e os estados fisiológico ou afetivos. Tanto os *experts* quanto os professores pesquisados revelaram altos níveis de crenças de autoeficácia em todas as dimensões analisadas. Os alunos julgarem-se menos capazes de ler à primeira vista quando recebiam críticas do professor, quando estavam em situação de avaliação ou quando a LMPV envolvia ritmos sincopados ou complexos ou texturas polifônicas. Quanto ao tipo de comentário realizado pelo professor, entende-se que a qualidade desse comentário produz um efeito psicológico que pode influenciar diretamente os resultados da LMPV. Consequentemente, ao comprometer esses resultados, gera-se estados fisiológicos desfavoráveis que interferirão nas experiências posteriores. De acordo com a Teoria Social Cognitiva, comprometer as fontes que nutrem as crenças de autoeficácia, mesmo que independentemente, gera uma reação em cadeia que conduz o sujeito a uma percepção debilitada sobre suas próprias capacidades. De igual modo, a situação de "prova" também reduz o julgamento sobre as capacidades de desempenhar essa tarefa diante de um avaliador (54%; 20 alunos). Luckesi (2008) destaca que a situação de avaliação, por si só, pode gerar em alguns alunos estados psicológicos negativos, pois podem se sentir pressionados, acuados ou desencorajados. Logo, o julgamento dos alunos a respeito de suas capacidades de obterem êxito em uma LMPV será prejudicado, reduzindo os níveis de crenças de autoeficácia. Quanto a ler à primeira vista ritmos sincopados ou complexos e texturas polifônicas,

Thompson e Lehmann (2004) salientam que, para ler esses elementos, é necessária uma constante adaptação motora, garantindo que a execução musical seja a mais próxima possível de uma performance ensaiada. Ao considerar que a leitura à primeira vista é uma atividade na qual o intérprete não sabe ao certo o que virá a frente, pode-se deduzir que a deficiência no domínio técnico do instrumento ou na compreensão rítmica influencia significativamente a continuidade e fluidez da execução. A proficiência na leitura à primeira vista de elementos musicais específicos pode ser adquirida também em disciplinas de graduação como teoria musical, harmonia, percepção etc. De acordo com Sloboda (2005), quando o executante desenvolve a capacidade de adiantar a sua leitura, a fim de prever o que terá de tocar, ativa os processos que irão monitorar, direcionar, avaliar e reagir à sua execução, obtendo um feedback em tempo real, possibilitando estabelecer cursos de ação para corrigir quaisquer desvios na execução.

Experts e alunos reconheceram válidas as estratégias de planejamento examinadas no questionário e que as utilizavam antes do estudo de LMPV. Essas estratégias são algumas dentre as possíveis para o estudo de LMPV e que favorecem um maior foco da atenção às fases posteriores, de controle e de avaliação do desempenho. Esse conjunto de estratégias é um possível caminho para planejar, dirigir e refletir sobre a aprendizagem de LMPV, visto que a escolha de estratégias de estudo inadequadas ou pouco favoráveis influenciarão a qualidade de aprendizagem dessa habilidade.

Nesse ponto, confirma-se a tese central deste estudo: a de que os processos autorregulatórios, responsáveis por organizar o estudo, podem favorecer a aprendizagem da LMPV e aumentar as crenças de autoeficácia dos alunos. Altos níveis de crenças nas capacidades autorregulatórias favorecem a autorreação e adaptação dos alunos frente aos resultados alcançados em suas práticas de LMPV. Quanto mais o aluno utilizar conscientemente estratégias de estudo adequadas, mais sofisticado será o seu repertório comportamental e suas interações com o ambiente (BANDURA, 1986). Ao mesmo tempo, altos níveis de crenças nas capacidades autorregulatórias favorecem a autorreação e adaptação dos alunos frente aos resultados alcançados em suas práticas de LMPV, motivando-os a praticar e estudar. Logo, a efetiva autorregulação é conquistada quando se desenvolve fortemente as autocrenças sobre a própria capacidade de estudar adequadamente.

Por fim, entende-se que os constructos psicológicos são elementos que influenciam significativamente a prática, o ensino e a aprendizagem da LMPV. De igual forma, o ensino dessa disciplina pode incluir atividades que desenvolvam as fases do processo autorregulatório dos alunos, a fim de ampliar suas autocrenças e motivar a aprendizagem.

Referências

ARAÚJO, R. C. Motivação para prática e aprendizagem da música. *In:* ARAÚJO, R. C. (org.). *Estudos sobre motivação e emoção em cognição musical.* Curitiba: Ed. UFPR, 2015. p. 45- 58.

ARÔXA, R. A. M. *Leitura à primeira vista:* perspectivas na formação do violonista. Dissertação (Mestrado em Música) – Universidade Federal da Paraíba, João Pessoa, 2013

AUSTIN, J.; RENWICK J.; MCPHERSON, G. Developing motivation. *In:* McPHERSON, G. (ed.). *The child as musician:* a handbook of musical development. New York: Oxford University Press, 2006. p. 213-238.

BANDURA, A. *Social foundations of thought and action:* a social cognitive theory. Englewood Cliffs: Prentice Hall, 1986.

BANDURA, A. *Self-efficacy:* the exercise of control. New York: W. H. Freeman, 1997.

BANDURA, A. Guide for constructing self-efficacy scales. *In:* PAJARES F.; URDAN T. (ed.). *Self-efficacy beliefs of adolescents.* Greenwich: Information Age Publishing, 2006. v. 5. p. 307-337. Disponível em: https://motamem.org/wp-content/uploads/2020/01/self-efficacy.pdf. Acesso em: 10 mar. 2016.

BANTON, L. The role of visual and auditory feedback during the sight-reading of music. *Psychology of Music,* [*s. l.*], v. 23, p. 3-6, 1995.

BUCHER, H. *Leitura à primeira vista: A ciência da conquista.* 1. ed. Vitória/ES: Publicação independente, 2009. Disponível em: http://www.musicalbucher.com.br/images/downloads/loja/mbloj14eituraprimeiravista.pdf. Acesso em: 14 abr. 2023.

CAVALCANTI, C. R. P. *Autorregulação e prática instrumental.* 2009. Dissertação (Mestrado em Música) – Setor de Ciências Humanas, Letras e Artes, Universidade Federal do Paraná, Curitiba, 2009.

CERESER, Cristina Mie Ito. *As crenças de autoeficácia dos professores de música.* 2011. Tese de Doutorado (Doutorado em Educação Musical) – Universidade Federal do Rio Grande do Sul, Porto Alegre, 2011.

COHEN, L.; MANION, L.; MORRISSON, K. *Research methods in education*. New York: Routledge, 2007.

COSTA, J. F. *Leitura à primeira vista na formação do pianista colaborador a partir de uma abordagem qualitativa*. 2011. Dissertação (Mestrado em Música) – CPG/IA/UNICAMP, Campinas, 2011.

DALGLEISH, T. The emotional brain. *Nat. Rev. Neurosci*, [s. l.], n. 5, v. 7, p. 583-590, 2004. DOI: 10.1038/nrn1432. PMID: 15208700.

DERRIÇA, T. S. *A escrita didática como fomento para a motivação para os alunos no ensino da música*: um estudo de caso. 2020. Dissertação (Mestrado) – Escola Superior de Artes Aplicadas, Instituto Politécnico de Castelo Branco, Portugal, 2020.

FIREMAN, M. O papel da memória na leitura à primeira vista. *In:* SIMCAM4 - IV SIMPÓSIO DE COGNIÇÃO E ARTES MUSICAIS, 2008. *Anais* [...]. 2008. Disponível em: https://antigo.anppom.com.br/anais/simcamVI.pdf. Acesso em: 15 nov. 2023.

FIREMAN, M. O ensino da leitura musical à primeira vista: sugestões da literatura de pesquisa. *Revista MUSIFAL*, [s. l.], v. 1, n. 1, p. 32-38, 2010. Disponível em: http://www.revista.ufal.br/musifal/edicoes.html. Acesso em: 15 nov. 2023.

FRANCESCHINI, S. R. *Sinestesia e percepção como forma de conhecer e reconhecer o mundo numa experiência musical*. 2021. 233f. Tese (Doutorado) – Pontifícia Universidade Católica, São Paulo, 2021.

FRIGERI, A. M. *A rítmica musical de José Eduardo Gramani e a aprendizagem autorregulada*: movimento, atenção, flexibilidade e divertimento. 2019. Tese (Doutorado) – UFPR, 2019.

FURNEAUX, S.; LAND, M. F. The effects of skill on the eye-hand span during musical sight-reading. *Royal Society* – Biological Sciences, [s. l.], v. 266 (1436), p. 2435-2440, 1999.

GABRIELSSON, A. Music performance research at the millennium. *Psychology of Music*, [s. l.], v. 31, n. 3, p. 221-272, 2003.

GOLDENBERG, R. Uma avaliação da abordagem ascendente para a leitura cantada à primeira vista. *Revista da ABEM*, [s. l.], v. 23, n. 34, p. 80-94, 2015.

GONÇALVES, A; ARAÚJO, R. C. A Leitura Musical à Primeira Vista nos cursos de música de Universidades Brasileiras da região Sul: um estudo com base na teoria sociocognitiva sobre processos de ensino/aprendizagem. *In:* ENCONTRO REGIONAL SUL DA ABEM, 17., 2016. *Anais* [...]. 2016. Disponível em: http:// abemeducacaomusical.com.br/congressos_realizados_ver.asp?id=79. Acesso em: 15 nov. 2023.

GONÇALVES, A. *A disciplina de Leitura Musical à Primeira Vista em Cursos de Graduação em Música do Sul do Brasil:* um estudo com base na Teoria Social Cognitiva sobre processos de ensino/aprendizagem. 2018. Tese (Doutorado) – UFPR, 2018.

HERRERO, L. CARRIEDO, N. The Contributions of Updating in Working Memory Sub-Processes for Sight-Reading Music Beyond Age and Practice Effects. *Frontiers in Psychology*, [*s. l.*], v. 10:1080, 2019. DOI: 10.3389/fpsyg.2019.01080.

HORA, H. R. M.; MONTEIRO, G. T. R.; ARICA, J. Confiabilidade em Questionários para Qualidade: um estudo com o Coeficiente Alfa de Cronbach. *Produto & Produção*, [*s. l.*], v. 11, n. 2, p. 85-103, 2010.

LEHMANN A. C., ERICSSON K. A. Sight-reading ability of expert pianists in the context of piano accompanying. *Psychomusicology*, [*s. l.*], v. 12, p. 182-195, 1993.

LEHMANN A. C., ERICSSON K. A. Performance without preparation: Structure and acquisition of expert sight-reading and accompanying performance. *Psychomusicology*, [*s. l.*], v.15, p. 1-29, 1996.

LEHMANN, A. C.; MCARTHUR, V. H. Sight-reading. *In:* PARNCUTT, R.; McPHERSON, G. (ed.). *Science and psychology of music performance*. Oxford University Press: Oxford, 2002. p. 135-150.

LEHMANN, A; KOPIEZ, R. Sight-reading. *In:* HALLAM, S.; CROSS, I.; THAUT, M. (ed.). *The Oxford handbook of music psychology*. New York: Oxford University Press, 2008. p. 344-351.

LIKERT, R. A. Technique for the Measurement of Attitudes. *Archives of Psychology*, [*s. l.*], p. 1-55, 1932.

LUCKESI, C. C. *Avaliação da Aprendizagem Escolar*: estudos e proposições. São Paulo: Cortez, 2008.

McPHERSON, G. E. Improvisation: Past, present and future. *In:* WORLD CONFERENCE OF THE INTERNATIONAL SOCIETY FOR MUSIC EDUCATION, 21., 1994, Florida. *Proceedings* [...]. Florida, USA, 1994.

MONTAÑÉS, A. M. *La enseñanza de la lectura a primera vista en el piano em las enseñanzas elementares y professionales:* una investigación educativa sobre concepciones y prácticas de los profesores de conservatórios. 2016. Dissertação (Mestrado em Música) – Universitat Jaume I – Castellón, Espanha, 2016.

MUNIZ, F.R.S. O *Pianista Camerista, Correpetidor e Colaborador: As Habilidades nos Diversos Campos de Atuação*. Dissertação de Mestrado PPGM/UFG, Goiânia 2010.

O'NEILL, S. A.; MCPHERSON, G. E. Motivation. *In:* PARNCUTT, R.; McPHERSON, G. E. (ed.). *The science and psychology of musical performance*: creatives strategies for teaching and learning. Oxford: Oxford University Press, 2002. p. 31-46.

PAJARES, F.; OLÁZ, F. Teoria social cognitive e auto-eficácia: uma visão geral. *In:* BANDURA, A. *et al. Teoria social cognitiva*: conceitos básicos. Porto Alegre: ArtMed, 2008. p. 98-114.

PASTORINI, E. V. S. P. *Leitura à primeira vista no violão*: um estudo com alunos de graduação. 2016. Tese (Doutorado em Música) – Universidade Federal do Rio Grande do Sul, Porto Alegre, 2016.

PESTANA, M. H.; GAGEIRO, J. N. *Análise de Dados para Ciências Sociais.* 5. ed. Lisboa: Edições Silabo, 2008.

PERRENOUD, P. *Avaliação*: da excelência à regulação das aprendizagens - entre duas lógicas. Porto Alegre: Artes Médicas Sul, 2008.

POLYDORO, S. A. J.; AZZI, R. G. Auto-regulação: aspectos introdutórios. *In:* BANDURA; AZZI R. G.; POLYDORO, S. A. *Teoria Social Cognitiva*: conceitos básicos. Porto Alegre: Artmed, 2008. p. 43-67.

QI, J.; ADACHI, M. The influence of modality on input, visuo-motor coordination, and execution in the advanced pianist's sight-reading processes. *Front. Psychol.*, [*s. l.*], v. 13, 2022. 13:933106. DOI: 10.3389/fpsyg.2022.933106.

RISARTO, M. E. F. *A leitura à primeira vista e o ensino de piano.* 2010. Dissertação (Mestrado) – Universidade Estadual Paulista, Instituto de Artes, 2010.

ROCHA, A. F. *Leitura musical à primeira vista*: um estudo com guias de auxílio para estudantes universitários de órgão e piano. 2017. Tese (Doutorado) – Universidade Federal do Rio Grande do Sul, Porto Alegre, 2017.

RUIVO, C. *O pianista colaborador*: um estudo com os alunos de bacharelado em instrumento-piano da UDESC. 2015. Dissertação (Mestrado) – Udesc, 2015.

SEARA, A. R. B. N. *Leitura à primeira vista ao piano*: importância e estratégias de desenvolvimento. 2015. Dissertação (Mestrado) – Universidade de Aveiro, 2015.

SILVA, C. R.; BARROS, G. S. O Pianista Colaborador: Um Estudo no Contexto da UDESC, em Florianópolis. *Revista DAPesquisa*, [s. l.], v. 9, n. 12, p. 3-17, 2014.

SILVA, J. A. E. *Leitura à primeira vista na marimba*: o reconhecimento de padrões musicais no caminho para a autonomia. 2020. Dissertação (Mestrado) – Escola Superior de Música e Artes do Espetáculo Politécnico do Porto, Porto, Portugal, 2020.

SILVA, R. R. *Consciência de autoeficácia*: uma perspectiva sociocognitiva para o estudo da motivação de professores de piano. 2012. Dissertação (Mestrado) – UFPR, 2012.

SKAALVIK, E. M.; SKAALVIK, S. Dimensions of Teacher Self-Efficacy and Relations with Strain Factors, Perceived Collective Teacher Efficacy, and Teacher Burnout. *Journal of Educational Psychology*, [s. l.], v. 99, n. 3, p. 611-625, 2007.

SLOBODA, J. A. *Music reading and prose reading*: Some comparisons of underlying perceptual processes. Unpublished PhD, University of London, 1974a.

SLOBODA, J. A. The eye-hand span: An approach to the study of sight-reading. *Psychology of Music*, [s. l.], v. 2, p. 4-10, 1974b.

SLOBODA, J. A. Phrase units as determinants of visual processing in music reading. *British Journal of Psychology*, [s. l.], n. 68, p. 117-124, 1977.

SLOBODA, J. A. *Exploring the musical mind*: cognition, emotion, ability, function. New York: Oxford University Press, 2005.

THOMPSON, S.; LEHMANN, A. Strategies for sight-reading and improvising music. *In:* WILLIAMON, A. (ed.). *Musical excellence*: Strategies and techniques to enhance performance. Oxford: Oxford University Press, 2004. p. 143-159.

UNGLAUB, A. R. *Um olhar reflexivo sobre a Leitura Musical à Primeira Vista realizada por pianistas*. Trabalho de Conclusão de Curso (Bacharelado em Música-Piano) – UDESC, 2006.

WRISTEN, B.; EVANS, S.; STERGIOU, N. Sight-Reading Versus Repertoire Performance on the Piano: A Case Study Using High-Speed Motion Analysis. *Medical Problems of Performing Artists*, [s. l.], v. 21, n. 1, p. 10-16, 2006.

WRISTEN, B. Cognition and Motor Execution in Piano Sight-Reading: A Review of Literature. *Update Applicattions of Research in Music Education*, [s. l.], v. 24, n. 1, p. 44-56, 2005.

ZHUKOV, K. Explore advanced piano student's approaches to sight-reading. *International Journal of Music Education*, [s. l.], v. 32, n. 4, p. 487-498, 2014.

CORRELAÇÕES ENTRE A PRÁTICA INSTRUMENTAL E O DESEMPENHO DE ESTUDANTES EM DISCIPLINAS DE ESTRUTURAÇÃO MUSICAL EM UM CURSO DE GRADUAÇÃO EM MÚSICA

Danilo Ramos
Anderson de Azevedo Alves

A *expertise* refere-se ao conjunto de habilidades que difere os experts de indivíduos novatos em qualquer domínio do conhecimento (ERICSSON; POOL, 2016). Segundo a Teoria Geral da Expertise (TGE) proposta pelos mesmos autores, um dos atributos que permite com que os *experts* adquiram excelência no domínio no qual se propõem a se desenvolver é a prática deliberada. Trata-se de uma prática focada e guiada por um professor, baseada no nível de habilidade atual do estudante, com o objetivo de fazer com que ele melhore o seu nível nessa habilidade.

O objetivo geral desta pesquisa foi verificar a correlação existente entre o desempenho de estudantes matriculados em disciplinas teóricas de estruturação musical de um curso de graduação em Música e o número de horas em que esses estudantes passaram por situações de prática instrumental ao longo desse mesmo curso. Os resultados foram discutidos com a Teoria Geral da Expertise, proposta por Karl Anders Ericsson e Robert Pool. A hipótese desta pesquisa foi a de que os estudantes que mantiveram uma rotina bem estruturada de estudo prático de seus respectivos instrumentos musicais podem ter um desempenho mais satisfatório na realização das atividades propostas pelas disciplinas de estruturação musical do curso, quando comparados a seus pares que haviam tido menos investimento de tempo no estudo de seus respectivos instrumentos musicais.

Um *expert* é alguém que "está entre os melhores do mundo naquilo que faz, tendo este atingido o ápice da performance" (ERICSSON; POOL, 2016, p. 13). A psicologia da *expertise* é um campo do conhecimento cujos pesquisadores procuram investigar o desempenho dos experts tanto em atividades de performance física (em atletas olímpicos, por exemplo), como em áreas que demandam grandes esforços mentais (como em enxadristas profissionais). Segundo os autores, esse longo processo de sofisticação da prática para o desenvolvimento da expertise pode ser estruturado com base em três fundamentos essenciais: neuroplasticidade, representações mentais e a prática deliberada.

Um dos elementos de grande importância para o desenvolvimento da *expertise* e que frequentemente tem sido objeto de estudo em pesquisas relacionadas ao desenvolvimento de qualquer habilidade que desafie a mente é a neuroplasticidade. Ericsson e Pool (2016) definem como neuroplasticidade essa adaptabilidade (ou "plasticidade") das estruturas cerebrais, que se modificam em resposta à sua utilização, tornando possível a modelação do cérebro como resultado de uma prática consciente. Essas mudanças físicas estimuladas pelo desafio mental podem ser observadas por meio de novas conexões neurais ou do fortalecimento das conexões previamente existentes, além do aumento no revestimento de mielina, a camada isolante que reveste células nervosas e permite que sinais neurais transitem mais rapidamente. Isso pode resultar em uma melhoria visível e mensurável na velocidade de transmissão dos impulsos nervosos nas áreas do cérebro ativadas pelas atividades durante a sua execução.

Representações mentais, por sua vez, são estruturas cognitivas utilizadas a todo momento em situações do cotidiano como dirigir, caminhar, falar ou qualquer outra atividade relativamente complexa, pois essas necessitam de mais informações do que podemos guardar na memória de curto prazo. Para realizar essas atividades, cada indivíduo cria uma representação com base naquilo que faz sentido para si mesmo.

> Uma representação mental é uma estrutura mental que corresponde a um objeto, uma ideia, uma coleção de informações. [...] São, em essência, padrões pré-existentes de informação que são guardados na memória de longo termo e podem ser usados para uma resposta rápida e efetiva em certos tipos de situação (ERICSSON; POOL, 2016, p. 58).

Segundo Lehmann, Sloboda e Woody (2007), o tamanho dessas pequenas estruturas mentais que vão sendo combinadas até resultar em uma representação mental completa é variável, podendo ser maior ou menor de acordo com o nível de *expertise* do indivíduo. Além disso, a habilidade para agrupar essas informações e estímulos sensoriais recebidos em estruturas que fazem sentido depende de conhecimentos estabelecidos anteriormente. Esses conhecimentos, baseados na sequência e previsibilidade de alguns eventos, são o que nos permitem dar significado e agrupar informações em padrões que fazem sentido para nós. A esses grupos de informações, Lehmann e seus colaboradores referem-se como *chunks*, que são "em essência, um mecanismo que conecta a nossa percepção a conhecimentos previamente armazenados" (LEHMANN *et al.*, 2007, p. 112). Trata-se de uma conexão do estímulo recebido e processado na memória de curto prazo com os padrões já estabelecidos e solidificados na memória de longo prazo[38].

Finalmente, a prática deliberada é um conjunto de atividades geralmente acompanhadas por um professor, baseadas no nível de habilidade do estudante e a ele designadas com a dificuldade adequada, de tal forma que estejam ligeiramente acima do nível de habilidade atual do estudante (ERICSSON; POOL, 2016). Esse tipo de prática é comumente observado entre os *experts*, independentemente da área de *expertise* de cada um. Segundo os autores, a prática deliberada é caracterizada por sete princípios principais:

(1) Ela deve fazer parte de um campo da performance já bem estabelecido, em que a habilidade a ser desenvolvida já tenha sido aprimorada por meio de treinamentos e bem definidos aprimorados previamente por outros *experts*. Essa prática deve ser orientada por um profissional familiar com os treinamentos efetivos, bem como a habilidade de seu pupilo e a forma que este pode aperfeiçoá-las da melhor maneira.

(2) A prática deliberada acontece fora da zona de conforto, o que exige do estudante um esforço constante em tentar atividades que estejam suficientemente acima das suas habilidades, o que torna a prática não prazerosa de maneira geral.

(3) Após definido um objetivo final geral, são criadas metas específicas e bem definidas, tendo como objetivo o aprimoramento de aspectos singulares que se somam para trazer o estudante à performance final desejada.

(4) A prática, para ser deliberada, necessita ser feita com atenção plena e ações conscientes.

(5) Ela envolve um ciclo constante de feedback e modificação do direcionamento de esforços em resposta ao feedback. Inicialmente, esse

---

[38] Atkinson e Shiffrin (1968) categorizam a divisão da memória em três partes: o registro sensorial, o armazenamento de curto prazo e o armazenamento de longo prazo. Segundo os autores, no primeiro, a informação sensorial é recebida e lá reside por um período de tempo muito breve antes de ser transferida para o armazenamento de curto prazo. Esta é a segunda etapa, onde a informação permanece por um período de aproximadamente 30 segundos, de onde é copiada para o armazenamento de longo prazo, que abriga uma coleção razoavelmente permanente de informações.

feedback é fornecido por um professor ou tutor, mas com o tempo e ganho de experiência, passa a ser complementado pela monitoração própria do praticante. Representações mentais efetivas são necessárias para que esse processo de automonitoração funcione.

(6) Ao mesmo tempo que produz representações mentais mais eficazes, a prática deliberada necessita delas para sua manutenção. A melhoria na performance faz com que representações mentais mais eficazes e detalhadas sejam criadas possibilitando um aperfeiçoamento ainda maior, o que acaba gerando um ciclo retroalimentativo de aprimoramento da *expertise*.

(7) Finalmente, a prática deliberada consiste na criação ou modificação de habilidades já previamente desenvolvidas, focando na melhoria de aspectos particulares de tais habilidades. Sendo assim, é fundamental que o tutor forme uma base de habilidades sólida em estudantes iniciantes, a fim de evitar que esses necessitem reaprender fundamentos essenciais quando já estão em um nível mais avançado de seus estudos.

A neuroplasticidade, as representações mentais e a prática deliberada são os pontos centrais que baseiam a Teoria Geral da Expertise e, de acordo com esta, a prática deliberada é capaz de aprimorar as redes neurais já existentes ou estabelecer novas conexões, tornando as representações mentais cada vez mais efetivas. Com isso, é possível considerar que a prática instrumental contribua para o fortalecimento de representações mentais originadas no estudo de disciplinas de teoria musical — como percepção, rítmica e harmonia — e vice-versa.

No Brasil, cursos de Música geralmente apresentam as disciplinas de harmonia e percepção musical como obrigatórias, tanto para cursos de licenciatura quanto para cursos de bacharelado em Música (RAMOS, 2021). A primeira costuma abordar conteúdos como formação e percepção de acordes, suas relações entre si, suas inversões, as cadências e progressões mais comuns ao contexto tonal, entre outros assuntos. Para que esse conteúdo seja aproveitado da melhor forma possível, acredita-se ser necessário que os estudantes adquiram uma base sólida em teoria musical, principalmente no que diz respeito a assuntos relacionados à identificação de intervalos, armaduras de clave, ciclo das quintas e escalas. Já a última aborda questões como o desenvolvimento da percepção musical com ênfase nos parâmetros sonoros (altura, duração, intensidade e timbre), bem como a sistematização da escrita e leitura musical, por meio do uso de diversos exemplos musicais.

Pelo fato de ambas as disciplinas contribuírem para o desenvolvimento e aprimoramento da prática musical de estudantes de Música, presume-se que o seu aprendizado envolva, por parte do indivíduo que a estude, um número significativo de elaborações de representações mentais (LETAILLEUR; BISESI; LEGRAIN, 2020).

Este capítulo traz os resultados de um estudo realizado com o objetivo de verificar a correlação existente entre o desempenho de estudantes de um curso superior de música em disciplinas teóricas de estruturação musical (harmonia e percepção) e o número de horas que eles se dedicavam às suas respectivas práticas instrumentais. Os procedimentos metodológicos deste estudo serão apresentados na sequência.

Metodologia

Tipo de pesquisa

Dancey e Reidy (2006) afirmam que o principal objetivo da ciência é entender a forma e o motivo de existência da relação entre certas variáveis, complementando que talvez os delineamentos correlacionais sejam a forma mais simples de examinar essas relações. Uma correlação é percebida quando, ao haver alteração em uma das variáveis, nota-se que a outra variável também sofre alteração, ou seja, as duas variáveis covariam. Esta pesquisa, portanto, configura-se em um estudo correlacional, uma vez que se busca identificar essa possível correlação existente entre o tempo de prática instrumental e o desempenho dos estudantes nas disciplinas curriculares de um curso de graduação em Música.

Participantes

O estudo foi feito com a participação de estudantes voluntários regularmente matriculados em um curso de graduação em Música de uma universidade brasileira. Optou-se pela aplicação do mesmo teste em duas turmas distintas do segundo ano da graduação do referido curso, de forma que a maioria fosse composta por estudantes do terceiro semestre. A escolha de recorte desse público-alvo foi feita, porque os estudantes das turmas escolhidas já haviam cursado as disciplinas básicas de percepção musical e harmonia. No total, participaram do estudo 43 estudantes, os quais dois deles foram descartados por não terem cumprido o protocolo de aplicação do teste. Dos 41 participantes restantes, 20 estavam matriculados no curso do bacharelado, 19 na licenciatura e dois participantes não relataram qual a habilitação eles estavam matriculados. Dezessete se identificaram como mulheres e 24 homens, entre 18 e 53 anos, com uma média de idade de 23,6 anos. A maioria dos estudantes é natural do estado do Paraná, totalizando 30 participantes, de onde 19 são nascidos na capital, Curitiba. Os outros participantes relataram ter nascido em estados das Regiões Sul e Sudeste, com exceção de dois relatos da Região Norte e um participante nascido fora do Brasil. Todos os participantes relataram viver em algum lugar dentro da região metropolitana de Curitiba. Apenas sete dos participantes já possuíam alguma graduação completa e, destes, apenas um participante possuía pós-graduação completa em alguma área no campo da música. Os participantes também relataram no questionário complementar (ver sessão a seguir) os estilos musicais que ouviam com maior frequência. Para essa questão, eles podiam selecionar mais de uma opção dentre as disponibilizadas ou inserir gêneros não listados caso achassem necessário. Dentre todos os estilos musicais apresentados, música popular brasileira (MPB) foi o mais citado (32 vezes), seguido por rock (28 vezes), samba (23 vezes), jazz (20 vezes) e bossa-nova (18 vezes).

Para este estudo, foram considerados como instrumentos harmônicos aqueles que permitem a execução de notas simultâneas, a fim de formar acordes (como piano, violão, guitarra ou acordeão). O grupo de instrumentos não harmônicos é formado pelos instrumentos melódicos, caracterizados por Carrasqueira (2018) pela possibilidade de tocar apenas uma nota de cada vez, no qual a execução de acordes por meio da execução simultânea de duas ou mais notas impossível ou incomum. Também faz parte do grupo de instrumentos não harmônicos os pertencentes às diversas percussões de altura indefinida. Dos 41 participantes, 23 tinham como instrumento principal — aquele ao qual haviam dedicado maior parte dos seus estudos — um instrumento harmônico. Os 18 participantes restantes haviam dedicado a maior parte dos seus estudos a um instrumento não harmônico. De todos os participantes, 36 relataram tocar pelo menos um instrumento secundário — aquele que haviam dedicado seus estudos em menor volume, se comparados ao instrumento principal. Ademais, 23 participantes formaram o grupo daqueles que tocavam mais de um instrumento e cujos instrumentos principais eram harmônicos. Desses, 17 relataram tocar um instrumento secundário harmônico, 4 não relataram tocar algum instrumento secundário harmônico e 2 relataram não tocar nenhum instrumento secundário.

Dezoito participantes formaram o grupo daqueles que tocavam mais de um instrumento e cujos instrumentos principais eram não harmônicos. Onze participantes relataram tocar um instrumento secundário harmônico, 4 relataram tocar algum instrumento secundário não harmônico e 3 participantes não relataram tocar instrumento secundário.

Materiais

Para a coleta dos dados referentes ao histórico de prática musical dos participantes do teste, foi elaborado um questionário com 21 questões, contendo respostas fechadas e discursivas. Essas questões se dividem em quatro categorias: perfil geral dos participantes, formação acadêmica, aspectos referentes à formação musical do participante e dificuldades e sugestões que eles poderiam fazer sobre a pesquisa. Para a avaliação do desempenho relativo às disciplinas de estruturação musical do curso em que os estudantes estavam matriculados, foi elaborado um teste contendo 13 questões que podem ser agrupadas nas categorias de percepção musical e harmonia. As questões possuíam conteúdos similares aos exigidos nas provas de conhecimentos específicos, aplicadas no vestibular exigido para o ingresso dos estudantes no curso, bem como questões com conteúdos similares àqueles apresentados nas disciplinas teóricas de estruturação musical do curso.

Procedimentos

A mensuração do número de horas praticado pelos estudantes foi obtida a partir das respostas do questionário relativo ao histórico de prática musical, enquanto o conhecimento deles sobre estruturação musical foi avaliado por meio da aplicação do teste.

O teste para a coleta dos dados foi realizado em duas sessões distintas, nas quais, em cada uma, foi feito um conjunto de atividades, em sequência: apresentação dos pesquisadores, uma explicação prévia sobre a pesquisa, o fornecimento das instruções para o preenchimento de um termo de consentimento livre e esclarecido (TCLE), preenchimento do questionário de histórico musical dos estudantes e realização do teste, que era apresentado em versão gravada, ou seja, os participantes tinham um tempo pré-definido para responderem às questões. Algumas dessas questões continham áudio, outras não. Em todas elas, os estudantes tinham um tempo pré-definido para fornecerem suas respostas. Esse procedimento foi adotado para que o teste pudesse ser discutido com um dos pressupostos da Teoria Geral da Expertise, de que quanto maior a prática (preferencialmente deliberada) do indivíduo, maior a qualidade e a velocidade de suas representações mentais (e vice-versa).

Os participantes também eram instruídos a perguntarem sobre quaisquer eventuais dúvidas a respeito de alguma das etapas de aplicação do teste. Em média, eles necessitavam de aproximadamente 25 minutos para o preenchimento do questionário e do TCLE, mais os 35 minutos de aplicação do teste, totalizando uma média de uma hora para a realização de todo o procedimento.

Análise dos dados

Após a aplicação do experimento, os dados do questionário foram tabulados com o auxílio do programa Microsoft Excel. As variáveis retiradas do questionário que foram empregadas para as análises estatísticas foram: (a) tempo de prática, ou seja, tempo (em anos) que cada participante pratica o seu instrumento musical; (b) tempo no auge, ou seja, o número de horas diárias que cada participante dedicava ao estudo diário de seu instrumento, quando estava no auge de consistência dos seus estudos individuais; (c) número de horas, que é a estimativa feita pelo participante sobre o seu total de horas dedicadas ao estudo individual do instrumento; (d) apresentações musicais, que se refere ao número de apresentações musicais ao vivo que os participantes tenham ido como ouvintes nos últimos 12 meses; (e) treinamento em teoria, que se refere a quantos anos de treinamento formal em teoria musical os participantes do experimento tiveram; (f) treinamento no instrumento, que se refere a quantos anos de aulas o participante teve em seu instrumento principal; (g) grupos, ou seja, por quantos anos o participante fez parte de algum grupo musical durante a sua vida; (h) escuta, que refere-se à quantidade de minutos diários dedicados exclusivamente à escuta musical (atenta).

Em seguida, os testes foram corrigidos, de forma objetiva, a partir de um gabarito feito previamente à sua aplicação. Nele, foram definidos os valores de pontuação para cada questão, que foram utilizados como referência durante as correções das provas. Cada prova foi corrigida com base nesse gabarito e as notas foram atribuídas, de acordo com a pontuação estabelecida. A Tabela 1, a seguir, indica como cada questão do teste foi corrigida:

Tabela 1 – Assunto envolvido em cada questão do teste musical, seguido pelos critérios de avaliação utilizados para a correção das provas

	Questões	Critério de avaliação
1	Percepção de intervalos melódicos	0,75 pontos por acerto (do intervalo) e 0,25 pontos pelo acerto do movimento (exemplo: ascendente ou descendente).
2	Percepção de intervalos harmônicos	0,5 pontos por acerto do intervalo e 0,5 pontos por acerto da qualidade do intervalo (maior, menor, justo, diminuto).
3	Transcrição de melodia a duas vozes (piano sintetizado)	3 pontos por compasso acertado, sendo 2 pontos por acerto das notas musicais e 1 ponto por acerto das durações das notas.
4	Transcrição de melodia de instrumento solo acompanhado por orquestra	2 pontos por compasso acertado, sendo 1 ponto por acerto das notas musicais e 1 ponto por acerto das durações das notas.
5	Transcrição de melodia de piano solo	2 pontos por compasso acertado, sendo 1 ponto por acerto das notas musicais e 1 ponto por acerto das durações das notas.
6	Percepção de sequência de acordes	3 pontos por acerto do acorde que faltava na cadência executada.
7	Percepção de modo	1 ponto por acerto em relação a qual modo a melodia apresentada se encontrava (exemplo: modo Mixolídio).
8	Percepção de tonalidade/modo de escalas	1 ponto por resposta correta.
9	Descrição de tonalidade de acorde em partitura	1 ponto por resposta correta.
10	Descrição de tonalidade de trecho musical em partitura	1 ponto por resposta correta.
11	Cifragem de acordes	2 pontos por compasso acertado em relação a qual cifra se aplicava a determinados momentos da melodia da música.
12	Identificação de cadências 2-5-1	1 ponto por resposta correta.
13	Identificação de função dominante em acordes	1 ponto por resposta correta. Dedução de 0,5 pontos por resposta incorreta.

Fonte: os autores

As questões 1 a 5 contemplavam conhecimentos de percepção musical. Nas questões 1 e 2, era executado um intervalo musical e os participantes deveriam responder qual era esse intervalo. Por se tratar de intervalos melódicos, na questão 1 os participantes deveriam responder qual a altura do intervalo (segunda, terça, quinta etc.), a sua categorização (maior, menor, diminuto etc.) e o movimento (ascendente ou descendente). Na questão 2, os intervalos eram harmônicos, então o participante deveria responder somente à altura e à qualidade do intervalo. Nas questões 3, 4 e 5, os estudantes deveriam fazer a transcrição de trechos melódicos, a partir de uma escuta musical. A terceira questão apresentava uma melodia a duas vozes executada por um piano, na qual os participantes deveriam transcrever um total de três compassos, sendo o primeiro compasso somente a voz da clave de fá, o segundo compasso as duas vozes e o terceiro compasso apenas a voz da clave de sol. As questões 4 e 5 apresentavam gravações de piano e o participante deveria transcrever apenas uma voz, a que executava a melodia principal.

As questões 6, 7 e 8 contemplam conhecimentos de percepção musical e harmonia. A questão 6 apresentava ao participante uma sequência incompleta de quatro ou cinco acordes. O participante, então, escutava um áudio executado por um piano com a sequência completa dos acordes encadeados, devendo responder no teste qual era o acorde que estava faltando. Na questão 8, o participante era apresentado à partitura e à gravação de uma composição de Hermeto Pascoal. O participante deveria responder à escala sobre a qual a peça era composta. A questão 8 apresentava cinco escalas musicais, que eram tocadas duas vezes cada uma, devendo o participante responder qual era a escala que estava sendo executada pelo piano. Para responder a essas questões, o participante deveria ter uma boa integração dos conhecimentos de percepção e teoria musical. Esses conhecimentos também são contemplados nos dois primeiros semestres nas ementas de percepção musical e harmonia das disciplinas de estruturação musical do curso.

As questões 9, 10, 11, 12 e 13 contemplam conhecimentos de harmonia. Os participantes eram apresentados às partituras e deveriam responder às questões de acordo com o que era pedido, sem a execução de qualquer exemplo sonoro. Na questão 9, eram apresentados a um acorde de três notas em um pentagrama na clave de sol e deveriam responder em qual tonalidade menor esse acorde poderia ser aplicado como substituto do acorde de função dominante. A questão 10 apresentava uma melodia de quatro compassos e os participantes deveriam responder qual a tonalidade desta melodia. Na questão 11, os participantes eram apresentados a um trecho de oito compassos de uma composição de W. A. Mozart e deveriam inserir cifras utilizadas em *songbooks* de música popular (CHEDIAK, 1990) nos acordes de cada compasso da peça. A questão 12 apresentava um trecho de 16 compassos de uma obra de Jerome Kern, em que os participantes deveriam apontar as cadências II-V, V-I e II-V-I. Por último, na questão 13, os participantes eram apresentados novamente à partitura de um trecho musical, dessa vez, tendo que assinalar somente os acordes que cumpriam a função de dominante. Todos os conhecimentos envolvidos na resolução dessas questões estão contemplados nas ementas de harmonia das disciplinas de estruturação musical do curso investigado.

Após a correção dos testes, as pontuações foram transpostas para o programa Microsoft Excel. Tanto para as respostas dos participantes em relação ao questionário quanto para as respostas dos participantes em relação ao teste, foram calculados escores referentes às médias obtidas e desvios-padrão.

Um teste estatístico correlacional de Pearson foi aplicado com a ajuda do programa SPSS. Esse teste traz todas as correlações mensuradas, por meio de uma matriz correlacional entre as variáveis relatadas pelos participantes nos questionários e as variáveis mensuradas no teste de música.

Ao fazer um teste que busca encontrar uma correlação, deve-se considerar também a possibilidade dessa correlação ter sido encontrada somente devido à ocorrência de um erro de amostragem. Para evitar que isso aconteça, adota-se o uso do valor p, um número utilizado como referência na comparação entre os dois itens a serem correlacionados. Neste estudo, foram consideradas existentes as correlações cujos valores de p encontrados nas comparações forem menores que 0,05. Isso quer dizer que a chance de uma correlação ter sido estabelecida por erro de amostragem é de uma vez em 20 repetições do estudo (ou seja, 5%), sendo esse valor uma convenção utilizada por muitos periódicos da área da psicologia cognitiva como uma probabilidade suficientemente pequena para servir como ponto de corte (DANCEY; REIDY, 2006). Em caso de correlações existentes, os valores de r encontrados entre 0 e 0,3 foram categorizados como correlações fracas; valores de r entre 0,31 e 0,7 correlações moderadas; e, finalmente, valores de r entre 0,71 e 1 como correlações fortes (DANCEY; REIDY, 2006).

Resultados

A Tabela 2 mostra uma matriz correlacional que traz os resultados do teste de Pearson e as correlações encontradas entre: (a) o tempo de prática instrumental, em anos, de cada participante (tempo de prática); (b) o número de horas diárias dedicadas à prática individual do instrumento no auge dos estudos (tempo no auge); (c) a estimativa do número total em horas de estudo individual dedicados ao seu instrumento musical até os dias de hoje (estimativa de horas); (d) o resultado final do teste (resultado geral); (e) o resultado final apenas do teste de percepção (resultado percepção); (f) o resultado final apenas do teste de harmonia (resultado harmonia):

Tabela 2 – Matriz correlacional entre os resultados do teste de Pearson e as correlações encontradas

	Tempo no auge	Estimativa de horas	Resultado (geral)	Resultado (percepção)	Resultado (harmonia)
Tempo de prática	0,47** (p=0,01)	0,6** (p<0,001)	0,183 (p=0,13)	0,005 (p=0,49)	0,24* (p=0,07)
Tempo no auge		0,53** (p<0,001)	0,25 (p=0,06)*	0,12 (p=0,23)	0,27* (p=0,05)
Estimativa de horas			0,36* (p=0,01)	0,41** (p=0,004)	0,25* (p=0,06)*
Resultado geral				0,72** (p<0,001)	0,93** (p<0,001)
Resultado percepção					0,41** (p=0,004)

Nota: $*r<0,3$ $**r \geq 0,31$

Fonte: os autores

Com relação à Tabela 2, foram encontradas as seguintes correlações:

- Correlação moderada positiva entre o tempo de prática (em anos) dos participantes e o tempo no auge ($r =0,47$; $p=0,01$). Isso pode indicar que quanto mais tempo de prática eles tinham, maiores eram as chances de terem, em algum momento, praticado diariamente sessões mais longas de estudo.

- Correlação moderada positiva entre o tempo de prática (em anos) e a estimativa de horas (r =0,6; *p=0,001*). Isso indica que mais anos de prática instrumental estão relacionados ao maior acúmulo de horas de estudo.

- Correlação fraca positiva com significância estatística marginal entre o tempo de prática (em anos) e o resultado final do teste de harmonia (r =0,24; *p=0,07*). Isso indica que estudantes com mais anos de prática instrumental obtiveram (marginalmente) maior êxito no resultado das questões de harmonia.

- Correlação moderada positiva entre o tempo no auge e a estimativa de horas (r =0,53; *p=0,001*). Isso indica que sessões de estudo mais longas estavam relacionadas a um número maior na estimativa do total de horas de estudo entre os participantes.

- Correlação fraca positiva entre o tempo no auge e o resultado de harmonia (r =0,27; *p=0,05*). Isso indica que os estudantes com sessões de estudo mais longas obtiveram maior êxito no resultado das questões de harmonia.

- Correlação fraca positiva entre a estimativa de horas e o resultado geral do teste (r =0,36; *p=0,01*). Isso indica que os estudantes com maior acúmulo total estimado de horas de estudo individual obtiveram maior êxito na pontuação geral do teste.

- Correlação moderada positiva entre a estimativa de horas e o resultado do teste de percepção (r=0,41; *p=0,004*). Isso indica que os estudantes com maior acúmulo total estimado de horas de estudo individual obtiveram maior êxito em responder as questões relacionadas à percepção musical.

- Correlação fraca positiva com diferença estatística marginal entre a estimativa de horas e o resultado do teste de harmonia (r =0,25; *p=0,06*). Isso indica que os estudantes com maior acúmulo total estimado de horas de estudo individual obtiveram (marginalmente) maior êxito no resultado das questões de harmonia.

- Correlação moderada positiva entre o resultado do teste geral e o resultado do teste de percepção (r =0,72; *p=0,001*). Isso indica que os estudantes que obtiveram maior pontuação final no teste, também obtiveram bons resultados nas questões de percepção.

- Correlação forte positiva entre o resultado geral do teste e o resultado do teste de harmonia (r =0,93; *p=0,001*). Isso indica que os estudantes que obtiveram maior pontuação final no teste, também obtiveram melhores resultados nas questões de harmonia.
- Correlação moderada positiva entre o resultado do teste de percepção e o resultado do teste de harmonia (r =0,41; *p=0,004*). Isso indica que as pontuações dos participantes eram coesas entre si, ou seja, aqueles que obtiveram pontuações mais altas nas questões de percepção, também tiveram pontuações mais altas nas questões de harmonia (e vice-versa), assim como os participantes que fizeram pontuações mais baixas nas questões de percepção obtiveram pontuações mais baixas nas questões de harmonia (e vice-versa)

A Tabela 3 indica as correlações entre o tempo de prática instrumental (em anos) de cada participante, o número de horas estudadas diariamente no auge dos estudos, a estimativa do número total em horas de estudo individual dedicados ao seu instrumento musical até os dias de hoje e cada uma das questões específicas do teste:

Tabela 3 – Matriz correlacional entre os resultados do teste de Pearson e as correlações encontradas com as questões do teste

Conteúdo das questões	Tempo de prática	Tempo no auge	Estimativa de horas	Conteúdo das questões	Tempo de prática	Tempo no auge	Estimativa de horas
Percepção de intervalos melódicos	-0,34 (p=0,417)	-0,18 (p=0,456)	0,303* (p=0,031)	Identificação de escala	0,21 (p=0,093)	0,207 (p=0,097)	0,319* (p=0,024)
Percepção de intervalos harmônicos	-0,04 (p=0,400)	0,032 (p=0,420)	0,264 (p=0,052)	Identificação de função de acorde	0,368** (p=0,009)	0,431** (p=0,002)	0,288* (p=0,038)
Ditado a duas vozes	-0,15 (p=0,174)	-0,009 (p=0,477)	0,193 (p=0,120)	Identificação de tonalidade	0,072 (p=0,327)	0,101 (p=0,265)	0,131 (p=0,214)
Ditado melódico (Maurice Ravel)	-0,02 (p=0,450)	0,167 (p=0,148)	0,379** (p=0,009)	Cifragem de acordes.	0,24 (p=0,069)	0,444** (p=0,002)	0,282* (p=0,041)
Ditado melódico (Philip Glass)	0,12 (p=0,234)	0,084 (p=0,300)	0,153 (p=0,176)	Identificação de cadências	-0,045 (p=0,390)	0,019 (p=0,452)	0,006 (p=0,486)
Percepção de sequência de acordes	0,19 (p=0,121)	0,175 (p=0,137)	0,220 (p=0,089)	Identificação de acordes dominantes	0,16 (p=0,164)	-0,002 (p=0,496)	0,095 (p=0,283)
Identificação de modo	-0,064 (p=0,346)	0,309* (p=0,025)	0,125 (p=0,223)				

Nota: *$r<0,3$ **$r \geq 0,31$

Fonte: os autores

Com relação à Tabela 3, foram encontradas as seguintes correlações:

- Moderada positiva entre o tempo de prática (em anos) dos participantes e a percepção de intervalos harmônicos (r =0,37; *p=0,009*). Isso indica que os estudantes que possuíam mais tempo de prática instrumental obtiveram maiores pontuações nas questões de identificação dos intervalos harmônicos.

- Correlação fraca positiva entre o tempo no auge e a identificação de modo musical (r =0,30; *p=0,025*). Isso indica que os estudantes que conseguiam manter sessões mais longas de estudos obtiveram pontuações maiores na questão em que deveriam identificar o modo musical do trecho apresentado.

- Correlação fraca positiva entre a estimativa de horas estudadas e a percepção de intervalos melódicos (r =0,30; *p=0,031*). Isso indica que os estudantes que estimaram um maior número total de horas de estudo acumuladas obtiveram maiores pontuações na questão em que deveriam identificar o intervalo melódico apresentado.

- Correlação moderada positiva entre a estimativa de horas estudadas e o ditado melódico da obra de Maurice Ravel (r =0,38; *p=0,009*). Isso indica que os estudantes que estimaram um maior número total de horas de estudo acumuladas obtiveram maiores pontuações na questão em que deveriam transcrever ao pentagrama o trecho musical apresentado.

- Correlação fraca positiva entre a estimativa de horas estudadas e a identificação de escalas musicais (r =0,32; *p=0,024*). Isso indica que os estudantes que estimaram um maior número total de horas de estudo acumuladas obtiveram maiores pontuações na questão em que deveriam identificar a escala musical que estava sendo tocada.

- Correlação fraca positiva entre o tempo no auge e a identificação da função do acorde dominante (r =0,43; *p=0,002*). Isso indica que os estudantes que conseguiam manter sessões mais longas de estudos obtiveram maiores pontuações na questão em que deveriam identificar em qual tonalidade o acorde apresentado possuía função de acorde dominante.

- Correlação moderada positiva entre o tempo no auge e a cifragem de acordes em uma partitura (r =0,44; *p=0,002*). Isso indica que os estudantes que conseguiam manter sessões mais longas de estudos obtiveram maiores pontuações na questão em que deveriam identificar os acordes em cada compasso.

- Correlação fraca positiva entre a estimativa de horas estudadas e a identificação da função do acorde (r =0,29; *p=0,038*). Isso indica que os estudantes que estimaram um maior número total de horas de estudo acumuladas obtiveram maiores pontuações na questão em que deveriam identificar em qual tonalidade o acorde apresentado possuía função de acorde dominante.
- Correlação fraca positiva entre a estimativa de horas estudadas e a cifragem de acordes (r =0,28; *p=0,041*). Isso indica que os estudantes que estimaram um maior número total de horas de estudo acumuladas obtiveram maiores pontuações na questão em que deveriam identificar os acordes em cada compasso.

Foram encontradas ainda outras correlações entre:

- O tempo de prática (em anos) e o tempo de treinamento formal em teoria musical (r =0,409; *p=0,004*).
- O tempo de treinamento formal no instrumento (r =0,420; *p=0,003*) e o número de grupos musicais dos quais o participante já havia participado (r =0,464; *p=0,001*).
- O tempo no auge e: (a) treinamento formal em teoria musical (r =0,455; *p=0,001*); (b) número de grupos musicais dos quais o participante já havia participado (r =0,406; *p=0,004*); (c) tempo diário dedicado à escuta musical (r =0,452; *p=0,002*) e (d) identificação do modo musical (r =0,309; *p=0,025*).
- A estimativa total de horas de estudo e: (a) o tempo de treinamento formal em teoria musical (r =0,476; *p=0,001*); (b) tempo de treinamento formal no instrumento (r =0,473; *p=0,001*) e (c) número de grupos musicais dos quais o participante já havia participado (r =0,378; *p=0,009*).

Dentre todas as comparações feitas, nenhuma outra correlação foi encontrada.

Discussão

A presente pesquisa teve como objetivo verificar a correlação existente entre o desempenho de estudantes matriculados em disciplinas teóricas de estruturação musical de um curso de graduação em Música e o número de horas em que esses estudantes relataram ter vivenciado situações de prática instrumental ao longo desse mesmo curso. Para isso, foi realizado um estudo correlacional com 41 estudantes voluntários regularmente matriculados no curso em questão. Esses estudantes responderam a um questionário que continha 21 questões a respeito do perfil geral, formação acadêmica e hábitos musicais, além de um teste contendo 13 questões de percepção musical e harmonia. Os principais resultados indicaram que os participantes que relataram terem vivenciado maiores quantidades de horas de prática instrumental individual obtiveram pontuações mais altas no teste geral, sendo as pontuações obtidas nas questões de percepção musical e harmonia diretamente relacionadas, ou seja, estudantes com maior tempo de prática instrumental obtiveram pontuações maiores nas questões de percepção e harmonia e, consequentemente, no resultado final do teste.

A principal conclusão da presente pesquisa foi que os estudantes que relataram um maior número de horas de prática individual de seu instrumento e aqueles que mantinham sessões mais longas de prática solitária obtiveram melhores pontuações nos resultados do teste. Esse resultado corrobora os resultados do estudo de Ericsson, Krampe e Tesch-Römer (1993) que, ao comparar três grupos de violinistas, os estudantes com níveis mais altos de performance eram aqueles que possuíam mais horas de estudo, sendo o acúmulo de horas de prática instrumental individual o fator determinante na diferença da qualidade das performances. No caso desta pesquisa, essa correlação apareceu mesmo em uma tarefa que não envolvia prática musical, ou seja, de cunho meramente cognitivo. Isso sugere que a prática do instrumento musical, se realizada de maneira constante e deliberada, produz adaptações relacionadas ao aprendizado musical no corpo e na mente dos indivíduos praticantes (ERICSSON; POOL, 2016). Nesse sentido, o estudo sistemático do instrumento musical, especialmente sob a orientação de um professor, pode contribuir para o que Ericsson e Pool chamam de adaptabilidade, que é um dos princípios da TGE.

Uma possível explicação para a existência de correlações existentes entre os relatos sobre a prática instrumental e o desempenho dos estudantes nas disciplinas de estruturação musical é que, de acordo com a TGE, o aprimoramento da performance acontece a partir da melhoria na eficácia das representações mentais (ERICSSON; POOL, 2016). Segundo os autores, essa eficácia é aprimorada por meio de sessões de prática individual, momento em que o indivíduo está se dedicando a formar uma imagem mental clara da execução ideal daquilo que está sendo praticado. Essas sessões de prática trazem melhorias no desempenho do praticante, o que cria a necessidade da construção de um maior número de representações mentais mais eficazes, em um ciclo retroalimentativo de aprimoramento do desempenho. Isso pode ter se refletido durante a aplicação do teste: se essa hipótese for verdadeira, então no momento em que os estudantes que tiveram a oportunidade de estudar sistematicamente seus respectivos instrumentos musicais estavam realizando o teste, eles provavelmente conseguiam produzir representações mentais mais eficazes do que os estudantes que não praticaram seus respectivos instrumentos musicais de forma deliberada. Esses últimos provavelmente não produziam boas representações mentais por ausência de referência, ou seja, não tinham como produzir uma imagem mental sobre algo que não tinham vivenciado e incorporado.

Para ilustrar essa reflexão, Ericsson e Pool (2016) trazem à tona a imagem de um bolo de aniversário. Os autores sugerem que, todos nós, em algum momento de nossas vidas, já vimos e experimentamos um bolo de aniversário. Nesse sentido, quando ouvimos a palavra "bolo de aniversário", nossa mente já projeta a imagem do bolo, conforme a experiência prévia que tivemos com ele. Para alguns, esse bolo seria com *chantilly*, para outros, um bolo com espessura mais fina, para outros, um bolo branco, para outro, um bolo de chocolate etc. Independentemente da relação da história de vida de cada um com seus respectivos bolos de aniversário, qualquer indivíduo poderia explicar, com suas próprias palavras, o que é um bolo de aniversário, de modo que todos os seus interlocutores compreenderiam. Entretanto, quando o objeto de projeção mental é algo que nem todos os indivíduos tiveram a oportunidade de vivenciar e incorporar, a mente, então, não é capaz de projetar algo que não conhece ou que não compreende.

Isso pode ter ocorrido com os participantes do presente estudo: alguns estudantes conseguiam responder com êxito às questões de harmonia e percepção pelo fato de, durante o estudo de instrumento, já terem tido a oportunidade de terem vivenciado as escalas, os acordes, as cadências, os intervalos musicais e outros elementos presentes em suas respectivas práticas. Nesse sentido, provavelmente, quando eles se depararam com os exercícios de harmonia, por exemplo, o que eles enxergavam não eram notas musicais meramente soltas nos exemplos dados, mas, sim, unidades musicais preenchidas por um significado, oriundo da prática. A isso, Lehmann *et al.* (2007) referem-se como *chunks*, um mecanismo que conecta a nossa percepção a conhecimentos previamente armazenados, ou seja, uma conexão do estímulo recebido e processado na memória de curto prazo, com os padrões já estabelecidos e solidificados na memória de longo prazo.

O que pode ter ocorrido, na verdade, é que os participantes deste estudo que praticaram algum instrumento musical ao longo de suas vidas por um maior número de horas conseguiam agrupar os *chunks* presentes nos exercícios visuais (harmonia) e auditivos (percepção) de maneira mais natural, com menos esforço cognitivo. É como se eles "enxergassem a música" de um jeito que os estudantes que não praticaram um instrumento musical por um número de horas suficientes para a elaboração desses *chunks* jamais poderiam enxergar, porque eles simplesmente não tiveram tempo o suficiente para que suas respectivas mentes aprendessem a fazer essas conexões neurais. Essa hipótese será testada em estudos futuros pelos pesquisadores do Grupo de Pesquisa Música e Expertise (Grume), em que será aplicado um protocolo *think-aloud*[39] em estudantes selecionados a partir deste estudo. O objetivo desse próximo estudo é verificar a "qualidade" das representações desses estudantes, a partir da estimativa referente ao número de horas que eles praticaram seus instrumentos ao longo de suas vidas, que já foi calculada neste estudo.

Em relação ao tempo de prática, os resultados deste estudo indicam um número menor de correlações positivas quando comparado à estimativa de horas que os estudantes praticaram ao longo de suas vidas e ao número de horas que eles praticaram no auge de seus estudos. De acordo com Ericsson e Pool (2016), em estudos desenvolvidos sobre a memória, percebeu-se ser bastante comum a ocorrência de "platôs" na curva de aprendizado durante qualquer tipo de treinamento, em diversos domínios do conhecimento. Para os autores, frequentemente são observadas melhoras rápidas e/ou constantes em pessoas que estão iniciando seu aprendizado em alguma área. Porém, quando essa melhora percebida passa a não ser mais tão rápida ou constante quanto antes, é natural que o indivíduo acredite ter atingido algum tipo de limite insuperável, o que faz com que ele se acomode em relação a seu nível de conhecimento e/ou habilidade do momento, de forma a se manter em um "platô". Segundo os autores, esse é o maior motivo pelo qual as pessoas desacreditam e simplesmente desistem de algumas práticas.

Pelo fato de esses platôs poderem aparecer em diferentes níveis de desempenho ao longo dos estudos do indivíduo, surge, então, a necessi-

---

[39] O protocolo *think-aloud* é um procedimento de coleta de dados comumente utilizado em pesquisas no campo da psicologia da *expertise*, no qual o indivíduo verbaliza seus pensamentos "pensando alto", enquanto desenvolve uma performance em um determinado domínio (ERICSSON; SIMON, 1993).

dade de mudança de estratégias para o desenvolvimento de sua *expertise*. Essa mudança de estratégias a partir do feedback — por meio de tutela ou auto regulado — é uma das características da prática deliberada e um dos fatores necessários para o desenvolvimento da *expertise*. Nesse sentido, é possível que as correlações não tenham sido encontradas entre o tempo de prática e os resultados finais (percepção, harmonia e total) do teste pelo uso de estratégias de aprendizado não tão eficazes quanto a prática deliberada por parte dos estudantes investigados.

Fugiria do escopo da presente pesquisa estruturar o formulário, de tal forma que os estudantes pudessem descrever o desenvolvimento das suas rotinas de estudo ao longo dos anos, para que essas pudessem ser avaliadas, de modo a classificar qual tipo de prática foi feito por eles. Pretende-se que este tipo de pesquisa seja feita futuramente pelos pesquisadores do Grume, cujo objetivo seria o de reanalisar os dados da presente pesquisa, a partir de uma comparação a ser feita no teste correlacional entre duas categorias de participantes: os que aparentemente vivenciaram em algum momento de suas vidas: (a) uma prática deliberada; (b) práticas não deliberadas, como as práticas propositais — que possuem objetivos bem definidos e específicos, tiram o indivíduo da zona de conforto, mantêm e monitoram os progressos por meio de feedback, mas não envolvem feedback, por não manter o acompanhamento constante e sistemático de um tutor — e as práticas ingênuas, nas quais o indivíduo faz algo repetidamente, na esperança de uma melhora de desempenho por mera repetição (ERICSSON; POOL, 2016).

Considerações finais

De modo geral, os resultados do presente estudo corroboram as pesquisas da TGE, de Ericsson, ao sugerir uma confirmação da correlação existente entre o número de horas de prática estimado pelos estudantes e o desempenho deles nas questões relacionadas às disciplinas de estruturação musical do curso investigado. Ericsson e Pool (2016) sugerem ser importante que se incentive a prática instrumental solitária em qualquer tipo de aprendizado relacionado a diversos domínios, pois é nesse momento que o praticante armazena em sua memória de longo prazo os padrões de informações necessários para produzir representações mentais eficazes. Lehmann *et al.* (2007), por sua vez, sugerem que cada indivíduo crie esses padrões de informações da maneira que faça mais sentido para si mesmo, baseado em experiências, memórias e conhecimentos previamente estabelecidos. Isso faz com que a prática solitária seja imprescindível, uma vez que a criação de representações mentais é, também, um processo solitário.

Como todo estudo, este apresenta algumas limitações. Uma delas se refere ao fato de que a coleta de dados do questionário foi feita exclusivamente a partir dos relatos dos próprios participantes a respeito dos seus hábitos de prática instrumental individual. Assim, muitos deles revelaram dificuldades quando precisaram fazer a estimativa do total de horas que haviam dedicado à prática de seus instrumentos principais ao longo de suas vidas. Dessa forma, não foi possível atestar com precisão essa informação e, nesse sentido, ela foi baseada em autorrelato. Essa limitação, porém, não foi impeditiva para que se tenha encontrado correlações significativas entre as variáveis mensuradas, nem tampouco seguiu critérios aleatórios, já que a metodologia da pesquisa aqui realizada seguiu com rigor os critérios utilizados por Ericsson, Krampe e Tesch-Römer (1993) para a obtenção dos relatos verbais de seus participantes. O que se esperaria, na verdade, com as estimativas exatas, seria a obtenção de correlações mais fortes (ERICSSON; POOL, 2016).

Esta pesquisa faz parte do projeto guarda-chuva "A psicologia da expertise do pianista popular brasileiro" desenvolvido pelo Grupo de Pesquisa Música e Expertise (Grume). O grupo de pesquisa atua junto aos cursos de Música oferecidos pela Universidade Federal do Paraná (UFPR) em níveis de graduação, mestrado e doutorado, nas linhas de pesquisa de cognição e educação musical. O projeto guarda-chuva do grupo tem como propósito (a longo prazo) a elaboração de uma pedagogia da performance voltada para o desenvolvimento da *expertise* do pianista brasileiro, de modo a trazer possíveis contribuições no que diz respeito à estruturação dos cursos de piano no Brasil, a partir da TGE, de Ericsson.

Pelo fato de esses cursos estarem geralmente subinseridos em cursos de graduação em Música como parte da habilitação dos estudantes, os resultados aqui obtidos permitem que se contribua para a elaboração de uma fundamentação teórica que fomente debates sobre os projetos pedagógicos dos cursos de graduação em Música no Brasil, que, em muitos casos, parecem estar adaptados a uma realidade que negligencia os mais de 40 anos de produção científica em revistas especializadas no campo da psicologia da *expertise* musical.

Referências

ATKINSON, R. C.; SHIFFRIN, R. Memory: a proposed system and its control processes. *In:* SPENCE K. W.; SPENCE, J. T. *The psychology of learning and motivation*. New York: Academic Press, 1968. p. 89-195.

CARRASQUEIRA, A. C. M. D. Considerações sobre o ensino da música no Brasil. *Estudos Avancados*, [s. l.], v. 32, n. 93, p. 207-221, 2018.

CHEDIAK, A. S. *Bossa-Nova*. 11. ed. Rio de Janeiro: Lumiar, 1990.

DANCEY, C.; REIDY, J. *Estatística sem matemática para psicologia*: usando SPSS para Windows. Lorí Vivali. 3. ed. Porto Alegre: Artmed, 2006.

ERICSSON, K. A.; KRAMPE, R. T.; TESCH-ROMER, C. The role of deliberate practice in the acquisition of expert performance. *Psychological Review*, [s. l.], v. 100, n. 3, p. 363-406, 1993.

ERICSSON, K. A.; POOL, R. *Peak*: secrets from the new science of expertise. Boston: Houghton Mifflin Harcourt, 2016.

ERICSSON, K. A.; SIMON, H. A. *Protocol analysis*: verbal reports as data. Edição revisada. Cambridge: The MIT Press, 1993.

LEHMANN, A.; SLOBODA, J. A.; WOODY, R. H. *Psychology for musicians:* understanding and acquiring the skills. Oxford: Oxford University Press, 2007.

LETAILLEUR, A.; BISESI, E.; LEGRAIN, P. Strategies used by musicians to identify notes' pitch: cognitive bricks and mental representations. *Frontiers in Psychology*, [s. l.], n. 11, p. 1-22, 2020.

RAMOS, D. Creative strategies for learning Brazilian popular piano. *In:* ARAÚJO, R. C. (org.). *Brazilian research on creativity development in musical interaction*. New York: Routledge, 2021. p. 64-97.

SOBRE OS AUTORES

Alexandre Muratore Gonçalves

Doutor em Música pela Universidade Federal do Paraná (UFPR), mestre em Música e bacharel em Música (piano) pela Universidade do Estado de Santa Catarina (Udesc). Professor adjunto na Escola de Música e Artes Cênicas (Emac) da Universidade Federal de Goiás (UFG). Participou do Grupo de Pesquisa Processos Formativos e Cognitivos em Educação Musical (Profcem/UFPR/CNPq), entre 2015 e 2018.

Orcid: 0000-0002-2027-889X

Anderson de Azevedo Alves

Graduando em Música pela Universidade Federal do Paraná (UFPR). Foi bolsista do Programa Institucional de Iniciação Científica e Tecnológica da UFPR, entre 2018-2019, sob orientação do Prof. Dr. Danilo Ramos. Participou do Grupo de Pesquisa em Expertise (Grume/UFPR), entre 2018 e 2019.

Orcid: 0009-0002-4999-7780

Anderson Toni

Doutor, mestre e graduado em Música pela Universidade Federal do Paraná (UFPR). Professor de Arte/Música do Instituto Federal de Educação, Ciência e Tecnologia de Mato Grosso (IFMT, campus Campo Novo do Parecis). É membro do Grupo de Pesquisa Processos Formativos e Cognitivos em Educação Musical (Profcem/UFPR/CNPq).

Orcid: 0000-0003-0498-8813

Danilo Ramos

Doutor e mestre em Psicologia pela Universidade do Estado de São Paulo (USP), bacharel em Piano Popular pela Universidade Estadual de Campinas (Unicamp), com estágio pós-doutoral no campo da Cognição Musical pela Université de Bourgogne (França). Professor associado do Departamento de Artes da Universidade Federal do Paraná e do Programa de Pós-Graduação em Música da UFPR. Fundador e líder do Grupo de Pesquisa Música Expertise (Grume/UFPR).

Orcid: 0000-0003-4444-4853

Fabiane Nishimori Ferronato

Doutora em Música pela Universidade Federal do Paraná (UFPR), mestre em *Violin Performance* pela *University of Georgia* (UGA, Estados Unidos) e graduada em Música (violino) pela Universidade Estadual do Paraná (Unespar, campus I, Embap). Musicista e coordenadora da Orquestra Filarmônica da Universidade Federal do Paraná. É membro do Grupo de Pesquisa Processos Formativos e Cognitivos em Educação Musical (Profcem/UFPR/CNPq).

Orcid: 0009-0001-0037-0699

Flávio Denis Dias Veloso

Doutor, mestre e graduado em Música pela Universidade Federal do Paraná (UFPR). Professor efetivo nos cursos de Música (licenciatura e bacharelado) da Pontifícia Universidade Católica do Paraná (PUC-PR), professor colaborador nos cursos de licenciatura em Música da Unespar (campus de Curitiba I/Embap e Campus de Curitiba II/FAP). É membro do Grupo de Pesquisa Processos Formativos e Cognitivos em Educação Musical (Profcem/UFPR/CNPq).

Orcid: 0000-0003-4083-6550

Guilherme Gabriel Ballande Romanelli

Doutor e mestre em Educação pela Universidade Federal do Paraná (UFPR) e graduado em Educação Artística pela FAP (atual UNESPAR Campus II). Professor associado do Departamento de Teoria e Prática de Ensino, do Setor de Educação, da Universidade Federal do Paraná (UFPR), do Programa de Pós-Graduação em Música da UFPR e do Programa de Pós-Graduação em Educação dessa mesma universidade. É membro/coordenador do Grupo de Pesquisa Processos Formativos e Cognitivos em Educação Musical (Profcem/UFPR/CNPq).

Orcid: 0000-0003-0485-8322

Jorge Augusto Scheffer

Doutor e mestre em Música pela Universidade Federal do Paraná (UFPR), especialista em Educação Musical e graduado em Música (trompete) pela Universidade Estadual do Paraná (Unespar, campus I, Embap). Professor adjunto da Universidade Estadual do Paraná (Unespar, Campus I, Escola de Música e Belas Artes do Paraná). Diretor Artístico e Maestro da Orquestra Filarmônica da Scar (Jaraguá/SC). Participou do Grupo de Pesquisa Processos Formativos e Cognitivos em Educação Musical (Profcem/UFPR/CNPq), entre 2016 e 2019.

Orcid: 0000-0003-1020-6814

Rafael Stefanichen Ferronato

Doutor em Música pela Universidade Federal do Paraná (UFPR), mestre em *Violin Performance* pela *University of Georgia* (UGA, Estados Unidos) e graduado em Música (violino) pela Universidade Estadual do Paraná (Unespar, campus I, Embap). Professor do Departamento de Artes da Universidade Federal do Paraná e do Programa de Pós-Graduação em Música da UFPR. Membro/coordenador do Grupo de Pesquisa Processos Formativos e Cognitivos em Educação Musical (Profcem/UFPR/CNPq).

Orcid: 0000-0003-0010-5104

Rosane Cardoso de Araújo

Bolsista de Produtividade do CNPq (2013-2024). Pós-doutora em Educação Musical pela Università di Bologna (Itália), doutora em Música pela Universidade Federal do Rio Grande do Sul, mestre em Educação pela Universidade Tuiuti do Paraná, especialista em Música (piano) e graduada em Música (piano) pela Escola de Música e Belas Artes do Paraná (Embap). Professora titular do Departamento de Artes da Universidade Federal do Paraná (UFPR) e do Programa de Pós-Graduação em Música da UFPR. Fundadora/coordenadora do Grupo de Pesquisa Processos Formativos e Cognitivos em Educação Musical (Profcem/UFPR/CNPq).

Orcid: 0000-0002-3676-1042

Tatiane Wiese Mathias

Doutora e mestre em Música pela Universidade Federal do Paraná (UFPR), especialista em Educação Musical e graduada em Música em licenciatura e bacharelado (flauta doce) pela Universidade Estadual do Paraná (Unespar, campus I, Embap). Professora da Universidade Estadual do Paraná (Unespar, campus I, Escola de Música e Belas Artes do Paraná). Participou do Grupo de Pesquisa Processos Formativos e Cognitivos em Educação Musical (Profcem/UFPR/CNPq), entre 2009 e 2022.

Orcid: 0009-0009-6843-8782

Teresa Cristina Trizzolini Piekarski

Doutora e mestre em Música pela Universidade Federal do Paraná, especialista em Metodologia do Ensino da Arte pela Universidade Tuiuti do Paraná e licenciada em Educação Artística pela Universidade Federal do Paraná. Professora da área de artes/música da Rede Municipal de Educação de Curitiba. Foi membro da Coordenação de Artes (Música) da Secretaria Municipal da Educação de Curitiba. É membro do Grupo de Pesquisa Processos Formativos e Cognitivos em Educação Musical (Profcem/UFPR/CNPq).

Orcid: 0009-0005-4114-9324

Thaís Souza Barzi de Carvalho

Mestre e bacharel em Música pela em Música Universidade Federal do Paraná (UFPR). Foi bolsista do Programa Institucional de Iniciação Científica e Tecnológica da UFPR e do Programa de Pós-Graduação em Música da UFPR sob orientação do Prof. Dr. Danilo Ramos. Foi membro do Grupo de Pesquisa em Expertise (Grume/UFPR).

Orcid: 0000-0002-4948-5139

Valéria Lüders

Doutora e mestre em Educação pela Universidade Estadual de Campinas (Unicamp) e graduada em Psicologia pela Pontifícia Universidade Católica de Campinas e em Pedagogia pela Universidade Estadual de Campinas. Professora associada do Setor de Educação, Departamento da Teoria e Fundamentos da Educação da Universidade Federal do Paraná. Foi professora do Programa de Pós-Graduação em Música da UFPR. Membro/coordenadora do Grupo de Pesquisa Processos Formativos e Cognitivos em Educação Musical (Profcem/UFPR/CNPq).

Orcid: 0000-0001-6953-7269